Diccionario de grafología y personalidad

DICCIONARIO DE
GRAFOLOGÍA Y PERSONALIDAD

Por tu escritura te conocerán

Karen Morales
Jesús Celaya

EL LIBRO MUERE CUANDO LO FOTOCOPIAN

Amigo lector:

La obra que tiene en sus manos es muy valiosa. Su autor vertió en ella conocimientos experiencia y años de trabajo. El editor ha procurado una presentación digna de su contenido y pone su empeño y recursos para difundirla ampliamente, por medio de su red de comercialización.

Cuando usted fotocopia este libro o adquiere una copia "pirata" o fotocopia ilegal del mismo, el autor y editor no perciben lo que les permite recuperar la inversión que han realizado.

La reproducción no autorizada de obras protegidas por el derecho de autor desalienta la creatividad y limita la difusión de la cultura, además de ser un delito.

Si usted necesita un ejemplar del libro y no le es posible conseguirlo, escríbanos o llámenos. Lo atenderemos con gusto.

EDITORIAL PAX MÉXICO

Título de la obra: Diccionario de grafología y personalidad

COORDINACIÓN EDITORIAL: Danú Hernández Jiménez
PORTADA: JULIETA BRACHO - ESTUDIO JAMAICA
FORMACIÓN: Edwin Ante

© 2019 Editorial Pax México, Librería Carlos Césarman, S.A.
     Av. Cuauhtémoc 1430
     Col. Santa Cruz Atoyac
     México DF 03310
     Tel. (5255) 5605 7677
     www.editorialpax.com

Primera edición
ISBN: 978-607-9472-66-5
Reservados todos los derechos
Impreso en México / Printed in Mexico

A Rosario Morales y María Teresa Chimalpopoca, con todo nuestro amor y agradecimiento para quienes desde siempre y sin esperar nada de nosotros, sus hijos, nos dieron su tiempo, cuidado y sacrificio para cimentar los logros y valores de nuestra existencia.

Karen Morales y Jesús Celaya

ÍNDICE

Agradecimientos xi
Presentación xiii
Introducción xv

PRIMERA PARTE 1
Antecedentes y datos históricos de la grafología 1
Escuelas antiguas de grafología 3
La concepción de grafología 9
Ramas de esta disciplina 12
Ámbitos en los que puede ser de utilidad 13

SEGUNDA PARTE 15
Leyes y principios que rigen la interpretación grafológica 15
Elaboración del análisis grafológico 22

DICCIONARIO PARA EL ANÁLISIS GRAFOLÓGICO 25
Índice 179

GLOSARIO GRAFOLÓGICO ILUSTRADO 185

Bibliografía 219
Acerca de los autores 229

Agradecimientos

A Jesús Celaya, quien además de darme su amistad, creyó en mi proyecto y aceptó ser parte de él. No ha sido fácil, se necesita ahínco, fuerza y perseverancia, pero sobre todo apoyo como el que recibí de ti durante todo el proceso. Ahora más que nunca se acredita mi cariño, admiración y respeto; gracias por lo que hemos logrado juntos: tú has estado ahí, acompañándome con tu amistad, antes y ahora, al culminar este logro tan importante en mi vida. Quiero darte las gracias por contar contigo siempre. Sé que me apoyarás en cada nuevo reto que se presente.

A mi madre Rosario Morales Navarrete, eres una mujer maravillosa y gracias a ti Dios me ha dado la oportunidad de ser alguien importante en la vida. Gracias te doy por haberme impulsado día a día y por la dicha enorme que me da ser tu hija.

A mis tías Concepción Morales, Rebeca Modesta Navarrete y a mi tío que ha sido como mi padre José Carlos Navarrete, les agradezco infinitamente que siempre velaran por mí y me impulsaran a seguir adelante; me lleno de orgullo al dedicarles este sueño hecho realidad, el cual me han ayudado a alcanzar.

A Miguel Ángel Velasco, mi esposo, mi compañero; gracias a tu amor y apoyo incondicional, que sin dudar me has entregado, he logrado mis objetivos y culminado mis proyectos con éxito; eres mi mayor inspiración.

A mis tres maravillosos y amados hijos Emilio, Rodrigo y Daniel, con todo mi amor y agradecimiento quiero dedicarles este libro porque su amor me impulsó a realizar este sueño; ustedes son mi inspiración para aceptar nuevos retos en la vida y quiero enseñarles que para llegar a una meta, se necesita tener confianza en uno mismo, así como plena seguridad de que sin importar los obstáculos que se presenten, se puede lograr todo lo que se desea. Gracias mis amores por su paciencia, apoyo incondicional y comprensión que en todo momento me brindaron, y que me impulsaron a sentirme capaz, y ahora satisfecha, por este objetivo cumplido que es y será algo muy especial para mí.

Al señor Aristeo Rodríguez, esta obra es el testimonio de mi gratitud ilimitada por su apoyo y estímulo que posibilitaron la conquista de esta meta.

Esta obra es el resultado de más de cuatro años de esfuerzo, trabajo y dedicación en la que plasmo no solo mi experiencia profesional, sino la disposición de aprender y a la vez de enseñar en diversas áreas forenses y ramas de la grafología.

Agradezco con afecto y cariño a todos y a cada uno de los que hicieron posible la culminación de este libro, me siento inmensamente agradecida porque están a mi lado al cumplir esta meta, lo cual no hubiera sido posible sin su apoyo incondicional. Gracias por su guía.

Karen Morales

Presentación

El objetivo de esta obra es proporcionarle a usted, amable lector, una herramienta sencilla, confiable y útil para conocer el temperamento y carácter de las personas a través de su escritura. Con esta obra pretendemos ofrecer de manera sintetizada, tanto a los interesados y estudiosos del tema, como a especialistas y estudiantes de las ciencias humanas (grafólogos, grafoscopistas, criminólogos, criminalistas, abogados, reclutadores de personal, psicólogos, pedagogos entre muchos otros más), una herramienta que les proporcione información rápida y válida para el ámbito en el que cada lector se desenvuelve.

Actualmente, la mayoría de los libros de grafología se centran en describir las características de la escritura en sí y no en la personalidad del que escribe, en cambio, esta obra basa su utilidad en este último enfoque: hemos clasificado y enlistado por orden alfabético rasgos de personalidad, dando una breve explicación del concepto y añadiendo la descripción de las características de los trazos de la escritura, vinculados a esa característica en particular.

De ahí que el criterio de búsqueda del lector puede ser un aspecto que quiera hallar en la muestra grafológica que va a estudiar, una característica que quiera descartar en el sujeto que está analizando o la relación de un rasgo grafológico específico con la descripción de un concepto incluido en el diccionario.

Además, para facilitar el análisis de su muestra, en este libro encontrará tres materiales de apoyo: a) apartado introductorio con los conceptos más importantes de la grafología, las aportaciones de sus principales exponentes y tratadistas, así como leyes y principios que rigen esta disciplina; b) una guía con algunos elementos para elaborar el análisis grafológico y c) un glosario ilustrado de conceptos que le enseñarán los términos y elementos más comunes del lenguaje grafológico, es decir, los rasgos de los trazos que hay que tomar en cuenta para la correcta interpretación de la escritura.

Así, ponemos a su disposición este libro que hemos construido a partir de nuestra experiencia profesional en el campo de acción como peritos especialistas de la materia, catedráticos, capacitadores y de una ardua investigación de documentos y bibliografía referentes a esta apasionante ciencia que esperamos que le sea de gran utilidad en su trabajo y vida cotidiana.

Introducción

La escritura es un acto de voluntad y reflejos condicionado por determinantes anatómicas, fisiológicas y psicológicas, adquiridas por medio de la herencia y/o educación, que valiéndose de signos gráficos codificados y uniformes que, ordenados de manera coherente y sistemática, nos transmite un mensaje y sirve al hombre para comunicarse, ya que permite la representación de palabras e ideas.

Por lo tanto, el acto de escribir es un acto netamente humano que implica pensamientos conscientes e inconscientes que se reflejan simbólicamente en la escritura. Es una acción absolutamente individual e intransferible: no existen dos escrituras idénticas ya que al trazar sobre el papel proyectamos, inevitablemente, lo que somos; la escritura de cada persona es tan única y particular como su propia huella dactilar.

Por su parte, la grafología es una ciencia que busca describir a una persona por medio de la interpretación de su escritura, ya que el tipo de letra o grafía nos indica aspectos de la personalidad (que es la suma del temperamento y del carácter), sentimientos, estado anímico y de salud, así como la disposición a comunicarse al momento del trazo; por ello, a esta disciplina se le conoce como "El barómetro del ánimo", y aunque con el paso del tiempo y las experiencias vividas hay cambios en la persona, la esencia del trazo de la escritura siempre permanece. Por lo anterior algunos especialistas equiparan la grafología con un test proyectivo completo, eficiente y adecuado que se usa con niños, jóvenes y adultos.

En contraste, la grafología no puede deducir o "adivinar" la edad, el sexo, el futuro, la antigüedad de la escritura o la tinta con la que fue escrita. Lo que sí puede es ser de utilidad para peritos, terapeutas, reclutadores y para cualquier persona en su vida cotidiana, puesto que les ayuda a conocerse a sí mismos, a comprender las relaciones humanas en sociedad, del mismo modo que las que establecen de manera personal y en el ámbito profesional.

Como muestra de la utilidad de esta disciplina contamos con los siguientes ejemplos:

1. Muchas empresas solicitan un informe emitido por algún grafólogo al evaluar a un candidato;

2. También es importante en educación, tanto para padres como para maestros porque apoya a comprender el medio en el que se desarrolla el niño, su carácter, temperamento y sus problemas o conflictos;

3. En el área de orientación vocacional ayuda al joven a tomar decisiones acertadas para su vida profesional, tomando en cuenta sus habilidades y aptitudes;

4. A través de ciertas ramas de esta ciencia, en medicina, es un auxiliar para detectar ciertas enfermedades, tanto físicas como mentales y

5. Además, es importante como coadyuvante forense en la impartición de justicia: en materia penal apoya a jueces y magistrados con los dictámenes caligráficos, al exonerar a un inocente o por el contrario a identificar al culpable al entender la conducta de los acusados; o bien, en materia civil, es útil para definir la guarda y custodia o la patria potestad de los menores.

En cada uno de estos ámbitos, la grafología está al servicio de la sociedad y de los profesionistas que han encontrado en ella una herramienta útil para ejercer su trabajo.

Primera parte

Antecedentes y datos históricos de la grafología

El fenómeno escritural inició siglos atrás, mucho antes de que la historia registrara los diferentes eventos relacionados con su nacimiento, pero para fines de este texto señalaremos como antecedente inicial el primer estudio formal de la escritura de Camillo Baldi, profesor de Filosofía de la Universidad de Bolonia en Italia, quien en 1622, en el Siglo XVII, escribe su tratado: *Trattato come da una lettera missiva si conoscano la natura e qualitá dello scrittore* (Tratado de cómo, de una carta, se conoce la naturaleza y la cualidad del escritor).

La segunda obra que salió a la luz nace también en Italia en la misma época, y esta se le atribuye al cirujano Marco Aurelio Severinus, profesor de la Universidad de Nápoles, titulada: *Vaticinator, sive tractatus de divinatione litterali (*Adivinador o tratado de la adivinación epistolar). También en este país se destacaron figuras como el padre Girolemo Moretti quien desarrolla un sistema propio para interpretar la escritura y Cesare Lombroso, quién define tipologías sobre tipos de delincuentes.

Postariormente, en 1871 se funda *La Société de Graphologie de Paris* (La Sociedad Grafológica de París), iniciativa de abate Michon (Juan Hipólito Michon, eclesiástico de órdenes menores). Un año más tarde, este autor publica la obra más importante escrita hasta el día de hoy: *Les mysteres de l'escriture* (Los misterios de la escritura). Fue él también quien tomando del griego los vocablos *graphe*= escritura y *logos*= tratado acuña el término de *grafología.*

Aparece más tarde Jules Crépieux-Jamin también en Francia y

publica libros de gran valor, entre los cuales se encuentra *Juicio de los Manuscritos*. Esta obra se publica luego en España, pero con el nombre de *Grafología*. Formula también la teoría de *Superioridad e inferioridad gráfica*. También escribe *L'ecriture et le Caractère* (La escritura y el Carácter) en 1896 y la obra póstuma *ABC della grafologia* (El ABC de la grafología).

Ya en 1929, en América, se funda la *Sociedad Argentina de Grafología* la cual fue presidida por Alfonsina Massi Elizalde, Federico Aberasturi y el Premio Nobel Bernardo Houssay; posteriormente en el año 1931, el suizo Max Pulver crea la grafología simbólica y funda la *Sociedad Grafológica de Neuchatel*. Escribe *El Simbolismo de la Escritura* y *El Impulso Criminal en la Escritura*.

Ya en años posteriores podemos nombrar teóricos destacados como el alemán Curt Honroth que escribió en Argentina, en 1957, su libro *Grafología, Teoría y Práctica*; el doctor Pedro D'Alfonso, italiano, también acogido en Argentina, quien adaptó el *Test de Warttegg* en 1960; el profesor Ángel Zarza prosigue la labor de Honroth en el gabinete de psicometría del *Instituto Neuropsiquiátrico Borda;* en España se destaca Matilde Ras, discípula de Crépieux-Jamin y autora de varias obras de grafología, incluyendo *Lo que sabemos de Grafopatología* en 1963, pero es hasta 1975 que se crea la *Sociedad Española de Grafología*, presidida por el profesor Mauricio Xandró con Silvia Ras y el doctor Augusto Vels.

A partir de estos datos históricos podemos afirmar que aunque la grafología nace en Italia y se desarrolla en Francia, (donde recibe su nombre y consolida su madurez científica), las escuelas suiza, española y alemana también fueron relevantes para su consolidación, pero solo algunas de estas construyeron un cuerpo teórico que posteriormente fue la base de los principales postulados de esta disciplina. En el siguiente apartado se describen y precisan los aportes de estas escuelas clásicas.

Escuelas antiguas de grafología

Las escuelas grafológicas dieron origen a las leyes que rigen esta ciencia. Es por ello que las contribuciones de las escuelas llamadas *clásicas* constituyen los fundamentos grafológicos para el avance de esta disciplina. A continuación, haremos una semblanza de cada una de ellas y daremos una explicación de sus aportes teóricos y metodológicos.

Escuela mímica - francesa

La escuela mímica-francesa es la más antigua y fue fundada por el abate Juan Hipólito Michon, quien creó la primera asociación de grafología en el año 1881 (ver apartado anterior), que a decir verdad ha sido hasta nuestros días la más desarrollada y de mayor influencia. Estos expertos llegaron a la conclusión de que los cuatro movimientos primarios que hacen tanto los hombres como los animales, denotan en los gestos hacia arriba, la alegría y la euforia; en los gestos hacia abajo, la depresión y el cansancio; en los gestos hacia la izquierda, regresiones al pasado y ligazón familiar y en los gestos a la derecha, proyección positiva hacia futuro y preocupación por los demás.

> "Michón y los primeros grafólogos de todo el mundo se basaron en la mímica. El hombre es un ser gesticulante, que da fuerza, relieve y color a lo que dice, con el añadido de los gestos. Pero en la escritura, expresión y gesticulación forman un todo. Los primeros grafólogos llegaron a distinguir los gestos individuales mediante la sugestión y la hipnosis. Someter a un individuo a pruebas de la más diversa condición y pasarle por situaciones artificiales—para él reales—de abatimiento y alegría, de tranquilidad y angustia, de irritabilidad, etc. De este modo se fueron contrastando y cotejando por aquellos heroicos pioneros de la grafología clásica, los gestos y movimientos escriturales y sus leyes. Entre ellas la más importante, por ser la primera, es la del doctor Edmond Solange Pellat, que hace un estudio exhaustivo de las leyes que rigen los movimientos cerebrales en su manifestación gráfica y que sin duda ofrece la materialización de una primera discriminación seria de gestos, precioso auxiliar".[1]

---

1. Grafología Superior, Mauricio Xandró, Editorial Herder, 4ta Edición, página 40. 2007.

Como lo dice Xandró, autor de esta cita, a través de estudios e investigaciones se fueron configurando los principios grafológicos de esta escuela y fue Edmundo Solange Pellat quien hizo una investigación muy completa de las ocho leyes de grafología que vinculan los movimientos cerebrales que se manifiestan en los rasgos de la escritura y que a continuación describimos:

1. El tamaño: el concepto de ti mismo.

2. La forma: eres como escribes, eres diferente a los demás.

3. La inclinación: el afecto, las pasiones, los sentimientos.

4. La dirección: el barómetro de tu ánimo.

5. La velocidad: la inteligencia y agilidad mental.

6. La presión: así eres de vital, energía física y mental. Salud de una persona.

7. La cohesión: tú y los demás.

8. El orden: tú y tu propio mundo.

Con esta escuela inicia la interpretación de características de los trazos y de la escritura en general.

Escuela simbólica - suiza

Fundada en 1931 por el doctor suizo Max Pulver, "quien establece los diversos símbolos que se reflejan en la escritura"[2], es el creador de la cruz o cuadrante grafológico, compuesto por: cuatro vectores gráficos, una intersección de los vectores o zona central y cuatro zonas más (superior, inferior, derecha e izquierda); en total, nueve sectores delimitados por los vectores.

Para su representación, primero se divide el campo gráfico mediante dos líneas horizontales que dividen la hoja en partes iguales y con dos líneas verticales que también la fraccionan en partes iguales, dando como resultado una zona superior y otra inferior, y una zona derecha y otra izquierda. En el punto de convergencia de ambas (sin extensión, ni dirección) se ubica la zona central.

---

2. Grafología Superior, Mauricio Xandró, Editorial Herder, 4ta Edición, página 44. 2007

Así, cuando en una hoja de tamaño carta, totalmente en blanca, se le pide a la persona que plasme su firma o rúbrica, para quien escribe, el soporte blanco representa de manera simbólica su espacio vital, es decir, todo lo que tiene a su disposición en la vida: el medio ambiente en el que se desarrolla su existencia. En la siguiente figura se describen las cinco zonas en las que se divide este espacio vital.

	Zona superior El consciente. El Súper Yo. La función pensar. Lo digno. Exaltación. Misticismo. Religión. Espiritualidad.	
Zona izquierda La función percibir. El pasado. La madre (atracción o preferencia). Represión. Inhibición. Temor. Pasividad. Introversión. Egocentrismo. Narcisismo. Rechazo. Desconfianza	*Zona central* El Yo – principio de realidad. El presente. Las realizaciones prácticas. Lo inmediato. El autocontrol	*Zona izquierda* La función intuir. La extroversión. Expansión. El porvenir. El mundo exterior. El padre (atracción hacia él). Sociabilidad. Altruismo. Audacia. Desinterés. Dinamismo.
	Zona inferior El inconsciente. El Ello. La función sentir. Los instintos. Lo biológico. Sexualidad. Lo libidinoso. Lo corporal. Excitación. Motricidad. Necesidades orgánicas. Tendencias materiales. Realidad	

Figura 1. Aspectos que se representan simbólicamente en cada una de las zonas o sectores: superior, inferior, izquierda, derecha y central. Cuadro realizado a partir de los conceptos de Pulver, M. (1953). El simbolismo de la escritura. Madrid: Editorial Victoriano Suárez.

Al incluir las cuatro zonas o sectores en este espacio vital (que son aplicables tanto a la página y a las palabras, como a cada letra o gesto gráfico), delimitan los nueve sectores o cuadrantes que reflejan los instintos, tendencias o necesidades del escritor, de acuerdo a la ubicación y sentido de sus movimientos. Cada zona que se forma se encuentra asociado con aspectos de la vida de cada individuo y que se muestran en la siguiente figura:

Zona superior central

Intelectualidad
Consciencia
Creatividad
Espiritualidad
Dignidad
Imaginación
Ideas éticas, morales y religiosas
Valores
Ideales
Bondad
Talento artístico
Sueños
Sublimaciones

Zona superior izquierda

Inhibición
Nostalgia
Angustia
Soledad

Zona superior derecha

Ataque
Rebeldía
Impulso
Exaltación
Ambición

Zona central izquierda

Extroversión
Coraje
Visión de futuro
Metas
Sociabilidad
Altruismo
Audacia
Representación de figura paterna
Intuición
Acometividad (propensión a reñir)
Impulsividad
Sadismo
Dinamismo

Zona central

Sensibilidad
Amor
Lo terrenal
Las emociones
Afectos
Intereses prácticos
Relaciones sociales
Presente
Vida cotidiana
Lo inmediato
El autocontrol
Equilibrio

Zona central derecha

La familia
La madre (preferencia hacia)
La tradición
El ayer
Pasividad
Introspección
Introversión
Temor
Represión
Nostalgia
Autismo (espectro de trastornos caracterizados por déficits del desarrollo, permanente y profundo)
Egocentrismo
Narcisismo (amor a la imagen de sí mismo)
Indecisión

Zona inferior central

Inconsciente
Los goces
Pulsiones vitales
Lo biológico
Necesidades orgánicas y sexuales (instintos sexuales y relaciones sexuales)
Aptitud física y motora
Apego al idioma, al país
Cambio de ambiente
Idea de fracaso
Familia y tradiciones (apego los hijos)
Lo Instintivo
Enfermedades mentales
Intereses económicos
Lo práctico
Gusto por la comida
Negatividad
Decadencia

Zona inferior izquierda

Egoísmo
Influenciable (se dejan llevar)
Desconfianza
Defensa (a la defensiva)

Zona inferior derecha

Obstinación
Pesimismo
Obsesión
Descorazonamiento

Figura 2. Se describe lo que se interpreta de la escritura de una persona, con base a los nueve sectores o zonas, y que se obtienen de su conjunción en la cruz grafológica. Ídem.

Escuela emocional — alemana

La escuela emocional surgió en Alemania en el año 1912, gracias al eminente grafólogo vienés Rafael Schermann. El alemán realizó trabajos sorprendentes donde profundizó en el estudio de los estados de ánimo y en cómo influyen en la grafía. Sus trabajos no tuvieron eco porque las escuelas grafológicas alemanas no querían oír ni hablar de este nuevo y sorprendente camino al subconsciente.

Es Curt August Honroth, también nacido en Alemania, quien posteriormente se estableció en Argentina en el año 1950, quien se dedica a este campo nuevo de estudio y logra un éxito resonante que sorprendió a los estudiosos de todo el mundo y quien le confirió auténtico prestigio, en colaboración con el doctor Ramón Ribera y el profesor Zarza. Honroth desarrolló las leyes de la emocionalidad en la escritura a partir del hallazgo del paralelo entre el *lapsus cálami,* (error de la pluma) y el conocido *lapsus linguae* (error de la lengua) de Freud; el autor logró demostrar que el acto fallido como se da en la conversación, también se manifiesta en la escritura.

Con este principio Honroth fundamenta la *Teoría del origen del acto fallido* (accidentes gráficos en la escritura). Este precursor afirma que la escritura es el único movimiento que permite un trazo duradero, en el que se manifiesta el inconsciente cuando se escribe y se comete un *lapsus cálami,* en el cual duda la mente, tiembla la mano, transmitiendo las emociones a través de la acción de escribir y al plasmarlas gráficamente. Honroth expone la existencia de dos tipos de lapsus cálami: el consciente y el inconsciente y explica la diferencia entre estos dos tipos como se muestra a continuación:

Lapsus cálami consciente
Este movimiento escritural se refleja cuando el escribiente, de manera consciente, desea destacar o resaltar alguna palabra o frase con respecto al texto general.

Lapsus cálami inconsciente
Es todo movimiento gráfico del cual el sujeto no tiene consciencia, y altera, de un modo u otro, ciertas palabras o frases. En este lapsus notamos perturbaciones y desigualdades en el texto como retoques, tachaduras, trazos interrumpidos, errores, omisiones de letras o pa-

labras, palabras confusas o agregados. Esto confirma que las palabras o frases "reflejas" contienen la posible causa de un conflicto emocional. Con esto se destaca que lo "afectivo es lo más efectivo" para el análisis grafológico.

Así que es con la escuela emocional alemana que se da inicio a la *grafología emocional*. Tiene como principio que las emociones están notoriamente presentes en determinadas partes de la escritura, generalmente en palabras o frases con carga emocional para el autor y donde se pueden cometer actos fallidos en la escritura, accidentes gráficos escriturales, *lapsus calami* o erratas; esto debido a alteraciones emocionales circunstanciales o dominantes en el sujeto.

Los *lapsus cálami* se pueden identificar en la presión, pastosidad o nitidez del trazo; en ligaduras, torsiones, temblores, sacudidas, retoques o correcciones en la escritura posteriormente efectuadas. También, los actos fallidos se dan en puntos accidentales que no tienen razón de ser como trazos superpuestos, sacudidas y soldaduras (letras con remiendo), en donde se suministran otras innumerables pistas a la persona que analiza documentos espontáneos, tales como la carta a un íntimo, un borrador, un texto libre; los textos neutros o copiados son más herméticos y por lo tanto más indescifrables.

Gracias a estas escuelas se tuvieron elementos teóricos y principios fundamentados para posteriormente precisar el objetivo y desarrollar la conceptualización de la grafología, hasta tener claridad de lo que aporta al conocimiento científico.

La concepción de grafología

Grafólogos de renombre han definido a la grafología de diferentes formas, pero teniendo en común el carácter interpretativo de la personalidad a través de la escritura. A continuación mencionamos tres de estas definiciones (y a sus autores), que tienen relevancia por su claridad conceptual.

La primera es una definición acuñada por Augusto Alfonso Velasco Andreo (Augusto Vels), quien nació en Puerto Lumbreras (Murcia) en 1917 y falleció en Barcelona en 2000):

> "Ciencia que tiene por objeto el estudio del carácter, del temperamento y de la personalidad, mediante el análisis e interpretación de los

aspectos de movimiento, espacio y forma en la escritura manuscrita."[3]

El autor de esta segunda definición es Girolamo Morettti, quien nació en Recanati (Italia) en 1879 y murió en Ancona en 1963:

> "Ciencia experimental que, a partir de la expresión gráfica natural del que escribe, revela la personalidad psicofísica con los componentes intelectivos, tendencias temperamentales, aptitudes profesionales, constitución somática y predisposiciones morbosas, congénitas y activas."[4]

La tercera definición simplifica la comprensión de lo que implica la grafología, retomada del libro *La biblia de la grafología* (Simón, 2015) y lo resume así:

> "Se trata de una parte de una ciencia llamada psicología, de la que la grafología es una valiosa herramienta".

Para fines de este libro, retomamos estas definiciones y ampliamos la concepción de la grafología como sigue:

> *Disciplina que se encarga del estudio y análisis de la escritura para determinar la naturaleza innata de los seres humanos, en su carácter, temperamento y personalidad.*

Es importante resaltar, que más allá de las definiciones que se puedan acuñar, la grafología obtiene su validez de observaciones, experimentos, evaluaciones y estadísticas resultado de la repetición continua de comparaciones metódicas y minuciosas de la escritura realizada a mano.

Es una ciencia que tiene como materia de estudio los símbolos gráficos que constituyen una línea formal (onda gráfica) que tiene como base un punto de origen en el trazado; en su desarrollo, pasa por las distintas dimensiones como inclinación, horizontalidad, verticalidad, profundidad, velocidad y forma, combinando y ligando las variantes que dan lugar a elementos con características únicas a explorarse: trazos en ángulos, curvas, letras específicas y muchos otros. A través del análisis de todos estos elementos, la grafología puede dar información

---

3. Vels, A. (1983). Diccionario de grafología y términos psicológicos afines. Barcelona: Herder.
4. Moretti, G. (2009). Trattato di grafologia: Intelligenza-sentimento. Padua: Edizioni Messaggero Padova.

de diversos aspectos del sujeto analizado y así señalar tendencias de comportamiento como los que describimos a continuación:

- *Intelecto.* Detecta el grado de agilidad mental, la capacidad de síntesis y análisis, así como la claridad de ideas.

- *Aptitudes.* Indica la habilidad y capacidad de una persona para realizar adecuadamente cierta actividad, función, algún servicio o las labores cotidianas relacionadas con el estudio y el trabajo. La fuerza de voluntad, la constancia, la capacidad de concentración, la dedicación y la perseverancia, puede ser referida su presencia con la grafología.

- *Actitudes.* La grafología precisa si alguien tiene predisposición a afrontar la vida, a tener iniciativa, al orden, a ser organizado, entre otras.

- *Facetas de personalidad.* Los cambios de los estados de ánimo que puede tener una persona también pueden ser indicados.

- *La forma de relacionarse con el mundo.* Nos brinda información sobre cómo discurren nuestras relaciones sociales: si somos abiertos, si somos sociables o si nos gusta aislarnos, etcétera.

- *La sexualidad.* Da indicios del comportamiento sexual o de la percepción de las relaciones sexuales, así como la posición que ocupa el sexo en nuestra vida.

- *Preferencias y gustos.* Manifiesta la predilección, inclinación, vocación e interés de un individuo al elegir, según su criterio, por su valor, belleza, calidad, esencia, costo, facilidad, o exclusividad, entre diversas opciones.

- *Trastornos mentales.* Da indicios de aquellos que se caracterizan por una combinación de alteraciones del pensamiento, la percepción, las emociones y la conducta, afectando las relaciones con los demás.

De acuerdo a la funcionalidad del análisis de estos aspectos la grafología tiene ramas de especialidad en el uso de técnicas y métodos grafológicos.

Ramas de esta disciplina

A continuación describimos cada una de las ramas de la grafología:

- *Grafología empresarial o de las organizaciones.* Rama útil en la gestión de recursos humanos, orientación y selección de personal, valoración de cargos, construcción de liderazgo y promoción.

- *Grafología fisiológica.* Relaciona los movimientos gráficos del cuerpo y su origen cerebral.

- *Grafología forense.* Es el estudio de los manuscritos, firmas y rasgos con el fin de esclarecer la veracidad, autenticidad, alteración y falsedad del escrito, así como identificar al autor.

- *Grafología infantil y de la adolescencia.* Estudio de la evolución de la escritura en relación al desarrollo de la personalidad infanto-juvenil en sus diversas etapas.

- *Grafología médica.* Se encarga de la detección de algunas enfermedades o alteraciones de salud de índole física o mental.

- *Grafomorfología.* Estudia la forma de las letras, en cuanto a su modelo gráfico. No todos escribimos con un mismo tipo de letra, pero todas las letras son susceptibles de estudiarse.

- *Grafonomía.* Es el campo interdisciplinario que se encarga del análisis científico del proceso de la escritura manual y el producto escrito; realiza la clasificación y descripción de rasgos caracterológicos que tiene la escritura.

- *Grafopatología.* Permite detectar, a través del análisis de caracteres y elementos manuscritos, signos y manifestaciones de alteraciones psíquicas o somáticas, ya sean estas circunstanciales, prolongadas o definitivas. Su aplicación posibilita, además, seguir el curso de una enfermedad física o psíquica y/o evaluar los avances de un tratamiento aplicado por los profesionales de la salud.

- *Grafopsicología.* Es la unión de dos disciplinas como la psicología y la grafología para complementar, perfeccionar y materializar los aportes de ambas en la aplicación de técnicas propias para el estudio de la conducta humana.

- *Grafoselección.* También conocida como *grafoselección por competencias*, se utiliza como técnica avanzada de selección de personal que permite, a través del estudio de la escritura de cada uno de los aspirantes, la elección del más idóneo para ocupar un puesto determinado dentro de la estructura organizativa de una empresa, atendiendo a las competencias que exige el puesto a cubrir.

- *Grafoterapia.* Se encarga de mejorar ciertas dolencias o patologías a partir de la modificación guiada o reeducación de determinados rasgos disfuncionales de la escritura. La forma de los grafemas, la morfología del trazado y los gestos gráficos son algunos de los elementos que deben atenderse en esta rama que se conceptualiza como: la técnica escritural utilizada para subsanar factores negativos de la personalidad, por medio de ejercicios que modifican la forma de escribir.

A partir de lo anterior se deduce que la grafología puede ser de utilidad en diversos ámbitos, a continuación, se precisa cada uno de ellos.

ÁMBITOS EN LOS QUE PUEDE SER DE UTILIDAD

- *Relaciones públicas.* La grafología es útil para saber *a priori* cómo es el temperamento y la personalidad de otro individuo con el que nos vemos obligados o tenemos la intención de tratar o de negociar.

- *Investigación.* En específico en la investigación de procesos históricos, la grafología apoya al complementar los estudios de personajes relevantes en el desarrollo histórico de la humanidad y las celebridades, a partir de análisis grafológicos, al no contar con otra fuente de información.

- *Ámbito médico.* La grafología permite precisar alteraciones del cuerpo y presencia de síntomas que denotan cierto padecimiento. También ayuda a dar seguimiento a esas enfermedades, a través del análisis de la escritura.

- *Relaciones amorosas.* La disciplina que estudiamos puede descubrir si dos caracteres distintos son compatibles para establecer relaciones serias y duraderas y si lo que dice "ofrecer" cada uno de estos individuos tiene relación con su verdadera personalidad.

- *Impartición de justicia.* A través de los dictámenes grafológicos se apoya a los encargados del sistema de justicia para tomar una decisión con relación a la imputabilidad de un acusado en materia penal; así como en el derecho civil, para definir la patria potestad, la legitimidad de un testamento o de un documento oficial que tenga consecuencias para la prueba de un delito o la acreditación de una propiedad.

- *Ámbito empresarial.* La grafología es una herramienta de ahorro para las empresas ya que es preferible invertir en recursos humanos y en pruebas específicas de selección de personal antes de contratar a alguien que no va a ser capaz de realizar un trabajo específico.

- *Educación.* Apoya a los especialistas y padres de familia a conocer mejor al estudiante y a buscar recursos que requiere para su desarrollo integral. También puede ser útil en la detección de trastornos en los procesos de aprendizaje.

- *Orientación vocacional.* Los grafólogos especializados pueden caracterizar la personalidad de un individuo, su motivación, sus intereses conscientes e inconscientes, y en función de esa información, precisar las posibilidades que tiene para cumplir o no con determinada actividad laboral. Ocurre frecuentemente que una persona tiene una meta profesional determinada e incluso esté dispuesta a prepararse para ella, pero no es consciente de que esa profesión no va acorde a sus habilidades y aptitudes.

SEGUNDA PARTE

Leyes y principios que rigen la interpretación grafológica

Como toda ciencia, la grafología se basa en principios y leyes para realizar su tarea sustantiva. A continuación detallamos los más relevantes en la elaboración de análisis grafológicos y los hemos organizado en "paquetes" de leyes o principios, de acuerdo a su materia, a saber: leyes generales y principios fundamentales.

También se incluyen dos apartados más con las *Leyes del grafismo* y el *Decálogo los principios científicos en los que se apoya la grafotecnia y grafoscopía*, y aunque este último no es sobre grafología, se sirve de él para tener una mejor explicación de su quehacer.

LEYES GENERALES

🖋 La escritura manuscrita se define esencialmente como personal. Es individual hasta en los casos más favorables (escritura de familia, gemelos univitelinos o siameses, intentos de falsificación, entre amigos de toda la vida, esposos, o escritura de escolares).

🖋 La escritura espontánea conserva sus caracteres propios, además es circunstanciada, es decir, que depende de numerosas consideraciones (edad, madurez gráfica, carácter, estado de salud, órgano o instrumento inscriptor, circunstancias de ejecución, material de soporte). La escritura normalmente es un reflejo adquirido, en ningún caso podrá entonces servir para comprobar comportamientos conscientes.

🖋 La escritura es susceptible de ser definida en relación a elementos determinados e incluso hasta medibles, como son el rasgo, los espacios, los tipos y las especies (Crépeux-Jamin, 1957).

PRINCIPIOS FUNDAMENTALES

Estos principios son una recopilación que hemos realizado de los diferentes enunciados que han formulado grafólogos destacados en diversos tiempos y épocas:

- *Ley de la disminución del nivel gráfico.* Dentro de los casos de modificación voluntaria natural, un escrito de nivel gráfico bajo no puede atribuírsele al escritor de nivel gráfico elevado.

- *Ley de la conservación del ritmo personal.* Las alternativas diversas del movimiento, presión muscular, dimensión, dirección, inclinación, orden y sistema de unión (enlaces), así como de continuidad, son constantes tratándose de un mismo escritor.

- *Ley de liberación de los impulsos motrices en función del tamaño del escrito.* Un falsario no puede indefinidamente mantener sus esfuerzos de imitación y deja escapar entonces características de su propia escritura.

- *Ley de los ajustes iniciales (Saudeck, 1928).* Todo ajuste gráfico exige un tiempo muerto. Así puede uno juzgar la espontaneidad de un escrito por la simplicidad y reducida frecuencia de los ajustes.

- *Ley de la degeneración de la escritura (Michon, 1930).* La aceleración de la velocidad de la escritura conduce a un aumento de la inclinación de las letras y a un debilitamiento de la forma. El ducto de las letras suele quedar idéntico a sí mismo.

- *Ley del retorno a las formas clásicas o infantiles (Michon, 1930).* La facilidad de asimilación lleva instintivamente a simplificar las formas de las letras, conservando un esquema expresivo.

- *Ley de la evitación.* Los añadidos generalmente se arreglan en función del espacio disponible, evitando morder o encimar sobre rasgos anteriores. Las características generales se ven afectadas, pero no el dibujo de las formas.

Leyes del grafismo

Entendemos por grafismo al conjunto de particularidades escriturales de la letra de una persona o modo particular que tiene un individuo de escribir a mano. El Maestro Edmond Solange Pellat enunció en su libro *Las leyes de la escritura* ciertas leyes del grafismo y de la personalidad, las primeras referidas a la escritura y su relación con los órganos motores, las segundas, involucran la manifestación de la personalidad a través de los rasgos gráficos de quien escribe. Estas leyes contribuyen a fortalecer los postulados tanto de la grafoscopía como de la grafología y son válidas para todos los tipos de idiomas y todos los alfabetos.

Veamos su principio fundamental: "Las leyes de la escritura son independientes de los alfabetos utilizados", no obstante, la experiencia nos indica que, para comprender los caracteres gráficos de la escritura y firma, es mejor dedicar el estudio a un solo alfabeto. A continuación citamos las leyes (Solange Pellat, 2015) y damos una pequeña explicación de cada una de ellas:

1ª Ley. "El gesto gráfico está sometido a la influencia inmediata del cerebro, el órgano que escribe no modifica la forma de aquel si funciona normalmente y está lo bastante adaptado a su función, o sea a la práctica con la que escribimos".

El órgano escritor es mero instrumento para la expresión del gesto gráfico. La mayor prueba que se puede dar de que el acto gráfico está en dependencia inmediata con el cerebro es que, aunque la parte somática del órgano escritor esté funcionando adecuadamente, una lesión en el centro cerebral impide al hombre realizar el gesto gráfico normalmente.

2ª Ley. "Cuando uno escribe, el YO está en acción, pero el sentimiento, caso inconsciente de esta actuación, pasa por alternativas continuas de intensidad y debilidad. Adquiere el máximo de intensidad cuando tiene que realizar un esfuerzo, es decir, en los comienzos, y el mínimo de intensidad cuando el movimiento de la escritura viene secundado por el impulso adquirido, es decir, en los finales".

Es la ley que regula el automatismo de los gestos gráficos. El máximo de intensidad se refiere a la acción del consciente, y el mínimo, a la expresión del subconsciente. En los trabajos de falsificación, el falsificador, al comienzo, se esfuerza conscientemente porque está excesivamente preocupado con la tarea. Al final, la fatiga se pone de manifiesto y el falsificador se deja afectar por el hábito, registrando entonces, las marcas que permiten algunas veces determinar la autoría de las escrituras.

3ª Ley. "No se puede modificar voluntariamente en un momento dado la escritura natural, más que dejando en su trazado la señal del esfuerzo realizado por lograr el cambio".

Esta ley se cumple cuando un individuo intenta disfrazar su propia escritura o imitar la de alguien. Por ello se ve que el simulado fatalmente se traicionará. En el examen de las falsificaciones conviene, por esta razón, fijarse con todo detenimiento especialmente en la parte última del documento. No le es posible al falsificador demostrar mayor cultura de la que posee. Puede calcar o copiar, pero no puede escribir un nuevo texto.

4ª Ley. "El que escribe en circunstancias en que el acto de escribir es particularmente difícil, traza instintivamente formas de letras que le son más habituales, o bien, formas más sencillas y fáciles de construir".

La ley se refiere a la simplificación del gesto gráfico, forzada por otras circunstancias ajenas a la voluntad del escritor para realizar el acto. Es la ley del menor esfuerzo que puede ocurrir con cualquier otro gesto del hombre.

5ª Ley. "Así como no hay dos personas que reaccionen exactamente igual ante un mismo estímulo, tampoco hay dos personas que escriban exactamente igual".

Si dos firmas son exactamente iguales una de ellas es falsa (tendría que haberse reproducido por un sistema reprográfico, etc.) Los peritos pueden caer en el error si no tienen en cuenta las leves modificaciones que cada cual refleja en la propia escritura.

6ª Ley. "Cada individuo posee una escritura que le es propia y que le diferencia de los demás".

"Ninguna escritura es idéntica a otra. Cada individuo posee una escritura característica, que se diferencia de las demás y que es posible reconocer" (*Crépieux-Jamin, 1957*). Todavía no se ha encontrado a dos personas con las mismas huellas dactilares, igual ocurre con la escritura. A veces podemos dudar incluso entre las letras de gemelos, ciertamente son casi iguales en determinados casos, pero siempre hay un elemento diferenciador; cada persona tiene su propia gestualidad, se mueve de determinada manera debido a su temperamento, su carácter; las experiencias asimiladas configuran una conductualidad que jamás será exacta a otra.

7ª Ley. "La escritura de una persona nunca es igual a sí misma y significa que una persona no escribe siempre igual".

Los elementos psicofísicos y grafopatológicos pueden ser determinantes desde el punto de vista pericial. También se refleja el estado físico o moral, en una escritura o firma, o en una parte o aspecto, por ejemplo, enfermedad, desilusión, perturbación o angustia entre otros.

Decálogo de los principios científicos en que se apoya la grafotecnia y la grafoscopía

El perito caligráfico Félix Del Val Latierro, en su libro *Grafocrítica* en 1963, expuso el decálogo en que se apoya la grafotecnia como ciencia general de la escritura, diferenciándose de la grafología, en función de que la grafocrítica pretende descubrir la alteración o falsificación de la escritura e identificar el origen gráfico para fines jurídicos. Este autor le da un enfoque diferente a la escritura no siendo cien por ciento grafológico, ya que su método y estudio se enfoca desde una disciplina de índole grafoscópico, aunque efectivamente estos principios son aplicables a toda la escritura y ayudan a la grafología para una mejor comprensión de este fenómeno.

La grafocrítica tal y como la define Félix Del Val Latierro, es la parte de la grafotecnia que tiene por objeto el estudio de la autenticidad del documento moderno. Por otra parte, Mauricio Xandró define a la grafotecnia como una "Interpretación adecuada de los rasgos que ofrece la grafonomía. Lo más delicado de este estudio es la determinación de la superioridad-inferioridad y la subordinación de la parte o señal aislada, compensada, o corroborada por el todo o conjunto"[5], es la parte de la grafotecnia que tiene por objeto el estudio desde el punto de vista histórico o de la autenticidad del documento moderno.

Del Val Latierro (1963) hizo una división al presentar el decálogo, ya que contiene aseveraciones por la forma del grafismo y por su finalidad. A continuación se citan las máximas de este valioso documento junto con comentarios a cada punto:

1. "El alma y el grafismo están en relación permanente de causa efecto".

    El estado psicológico de quien escribe tiene un efecto en los caracteres gráficos.

2. "El alma es un complejo infinito; y así no hay dos almas iguales, tampoco existen dos grafismos iguales".

    Cada persona que escribe es diferente a la otra, por lo que cada uno tiene un grafismo único.

3. "El complejo anímico se modifica por el complejo fisiológico: tonalidad nerviosa, muscular y glandular, el cual reviste igualmente una variedad infinita, por lo que resulta, si así puede decirse, un infinito modificado por otro infinito".

4. "El complejo anímico y la tonalidad general fisiológica definen o determinan la fisonomía del escrito, independientemente del órgano que la ejecuta, si este está adaptado a la función, e independientemente también del alfabeto empleado".

    El gesto de escribir no es un movimiento llevado únicamente a cabo por nuestra mano u otro órgano que lo ejecute, sino una

---

5. Grafología Elemental, Mauricio Xandró, Editorial Herder, Barcelona 1994, 5ta Edición Ampliada, página 30.

serie de complejos procesos cerebrales, musculares y energéticos que provocan que el movimiento deba programarse en nuestro cerebro y miembros, prepararse para su ejecución y finalmente llevarse a cabo.

5. "Los estados de conciencia, pasajeros o permanentes, repercuten en el grafismo, así como las variaciones de tonalidad general".

   Esto es debido a que el grafismo es una elaboración mental, todo lo que repercute en la mente le repercute al grafismo.

6. "La escritura es inicialmente un acto volitivo, pero con predominio posterior, casi absoluto, del subconsciente, lo que explica la permanencia y fijeza de la peculiaridad gráfica".

   Cuando aprendemos a escribir nos esforzamos en reproducir exactamente en cada letra el modelo caligráfico, pero a medida que el centro psíquico deja libre el campo de las funciones autónomas del sistema nervioso periférico, por consiguiente los movimientos de la escritura, en vez de ser minuciosamente deliberados, se vuelven deliberados solamente en cuanto a la idea y reflejos habituales en la ejecución, pero las diferencias entre la escritura y el modelo caligráfico van aumentando. El agente deformador es un complejo conjunto de movimientos reflejos producidos desde dentro del carácter instintivo.

7. "No se puede disimular la propia grafía sin que se note el esfuerzo de la lucha contra el subconsciente".

   El gesto gráfico está sometido a la influencia inmediata del cerebro. El órgano que escribe no modifica la forma si funciona normalmente y está lo bastante adaptado a la actividad de escribir. Esta relación no se puede alterar voluntariamente en el momento de la escritura natural más que dejando en su trazado la señal del esfuerzo realizado para lograr el cambio.

8. "Nadie puede disimular simultáneamente todos los elementos de su grafía, ni siquiera la mitad de ellos, lo cual es una consecuencia de lo anterior avalada por la experiencia". Es decir, el trazo de las grafías son consecuencia de la influencia inmediata

del cerebro en el órgano que lo hace.

9. "Por mucho que lo pretenda el falsificador o el disimulador, es imposible, en escritos extensos, que el subconsciente no le juegue alguna mala pasada, revelando la verdadera personalidad del escrito falsificado o disimulado".

10. "No todos los signos gráficos tienen el mismo valor. Los más importantes son aquellos que son invisibles o poco aparentes, pues son los que escapan lo mismo en la imitación que en el disimulo".

El falsificador de su propia letra puede llegar a hacerla imposible de reconocer respecto a su escritura habitual, pero precisamente el esfuerzo ejercido para ello lo desenmascara. El imitador de una escritura entra en conflicto con sus propios hábitos lo que le lleva a tener que adoptar una de las dos opciones siguientes: copia el modelo tal cual se presenta, con lo que puede vacilar, temblar, interrumpir la escritura, etc., o se decanta por intentar imitarla sin más, en cuyo caso no vacilará ni temblará como en el caso anterior, pero la caligrafía se alejará del modelo, perdiendo con ello formas y cualidades de muchas de las letras.

Al tomar en cuenta todos estos principios y leyes, el análisis grafológico puede ser entendido de una mejor manera así como los pasos que hay que seguir para realizarlo.

Elaboración del análisis grafológico

Es importante señalar que para un mejor, completo y correcto análisis grafológico, la calidad de la muestra a estudiar es determinante y de vital importancia y debe cumplir con los siguientes requisitos y condiciones:

- Se recolecta la escritura sobre una hoja de papel en blanco tamaño carta con un bolígrafo de tinta grasa y punto mediano.

- Los cuatro a cinco primeros renglones de un escrito no se analizan; después del quinto renglón de estar escribiendo, por lo general, comienzan a manifestarse los rasgos de personalidad.

- A mayor cantidad de muestra grafológica y elementos coincidentes encontrados en la escritura con la descripción grafonómica, mayor grado de certeza en el análisis de estos indicadores con su respectiva comparación y empate con la descripción grafonómica. Algunos adjetivos calificativos cuentan con subtipos, los cuales presentan las diferencias y variaciones en la grafonomía, o sea, pequeñas diferencias en la forma de escribir, ligada a esa característica calificativa.

Después de tener la muestra, con lupas, cuenta hilos, reglas, escuadras y transportador, cualquier persona versada en el tema o bien el grafólogo experto, analiza principalmente lo siguiente:

- La inclinación de las letras, los márgenes, la intención, la presión sobre el papel, los rasgos y la dirección del renglón.

- Se tendrá que observar el total de la hoja como un todo (contexto gráfico o ambiente gráfico), revisar si se repiten rasgos (por más de cinco veces en todo el escrito de la hoja es algo concluyente, ya que se le da una constante, si no, se descartan) y cómo se combinan entre ellos.

- Aun cuando tengamos mucha práctica, debemos de realizar una detallada y correcta observación, para que se logre una buena apreciación de lo se está analizando, ya que hay muchas sutilezas que determinan si se trata de un rasgo de personalidad y no de otro.

Hay que considerar que hay aspectos que no están en el texto, pero que permiten hacer una interpretación complementaria más acertada, como por ejemplo: conocer, de ser posible: la temporalidad del escrito (el año en el que fue plasmado), la edad de la persona, el sexo, la intención del escrito, si se trata de una carta, un apunte, un diario, o si el individuo tiene alguna enfermedad física o psicológica, o bien si está tomando algún medicamento entre otras circunstancias a valorar.

A continuación se incluye el *Diccionario para el análisis grafológico*, que contiene los adjetivos y características calificativas, así como sus respectivas descripciones grafonómicas en las que basaremos el análisis grafológico de la muestra.

DICCIONARIO PARA EL ANÁLISIS
GRAFOLÓGICO

A continuación encontrarás, en orden alfabético, el catálogo de características, rasgos y actitudes más comunes de la personalidad, así como enfermedades y trastornos, físicos y mentales, junto con una breve definición, seguida de su respectiva interpretación grafonómica escritural, la cual deberá ser comparada con la muestra escritural del grafo analizado.

Enseguida damos una breve explicación de cómo utilizar este diccionario.

Indicaciones para el uso del diccionario

1. El interesado en estudiar a una persona en específico deberá contar con suficiente muestra escritural.

2. Se sugiere hacer una lista de lo que busca en el sujeto a analizar, así como de lo que no desea encontrar.

3. En el índice global del diccionario buscará los conceptos que más se asemejen a los que se encuentran enlistados.

4. Ya con la lista en orden alfabético y bien definida de las cualidades que son de importancia y de interés, se leerá la definición de cada concepto para corroborar si ese es el que busca.

5. Si es así, se realizará el análisis de la escritura con el método comparativo que consiste en buscar en la muestra la correspondencia con la descripción grafonómica que incluye características gráficas de los trazos, rasgos y ciertas particularidades que se asocian a la característica de la personalidad descrita, a través de una observación directa, minuciosa, firme, detallada y concluyente de la escritura que se analiza.

6. Si existiera alguna duda sobre las descripciones grafonómicas de

la escritura analizada, el lector podrá recurrir al *Glosario grafonómico ilustrado* que se incluye en esta obra, en donde encontrará una explicación de conceptos grafológicos que se utilizan para realizar una mejor interpretación de la escritura analizada.

ABUSIVO. Persona que excede de lo moral y éticamente justo.
Interpretación grafonómica. Firma ascendente y legible, rúbrica complicada y escritura confusa. Invasiones (choques de trazos y/o rasgos dentro de un texto) que pueden detectarse entre pies (jambas) o crestas (hampas); firma que invade los textos, letras que también invaden el terreno de otras letras. Estos choques o invasiones también pueden presentarse entre línea y línea, entre palabra y palabra y entre letra y letra dentro del texto.

ABUSO DE CONFIANZA. Infidelidad que consistente en burlar o traicionar a alguien que, por inexperiencia, afecto, bondad o descuido ha dado crédito al autor de la acción. Conducta que falta a la buena fe del actuar, que traiciona los principios de honradez y cumplimiento (RAE, 2014).
Interpretación grafonómica. Letras con rasgo de garra de gato y puntos innecesarios que se presentan en grupos. Letra "d" y letra "o" irregular y abierta en la base, también presentan inconstancia en la forma, dirección y en la inclinación; letras poco claras, equivocadas, óvalos en su escrito emborronados en la letra "o", con dobles o triples vueltas; repasos en el trazado de esta letra, o bien con pequeños círculos internos en la zona del óvalo. Uno de los caracteres delatores de lo más íntimo del YO es el trazo de óvalos en letras "a", "e", "o", además de la presencia de complicaciones y adornos innecesarios; hay predominio de arcos que implican notable espíritu de reserva en las letras "m", "n", y "ñ", Presencia de trazos filiformes en letras al final, aún en velocidad lenta. Letras con formas diferentes dentro del mismo escrito. Los números serán realizados con poca claridad.

ABUSO SEXUAL, víctima de. Es definido como cualquier actividad de índole sexual que realiza una persona sobre otra sin su consentimiento. El abuso sexual puede darse entre adultos, de un

adulto a un niño o incluso entre menores de edad (Ucha, 2018).
Interpretación grafonómica. Escritura semiangulosa, desorganizada y confusa con letras de formas diferentes y variadas, ilegibles, velocidad lenta y finales filiformes; aparecen puntos innecesarios, inclinación y dirección de la escritura irregular. Letra "d" y "o" abiertas en la base de los óvalos con doble o triple vuelta. Los números se plasman poco legibles. Firma con velocidad lenta y desproporcionada con relación al texto del escrito.

ACAPARAMIENTO. Acción y efecto de acaparar. La necesidad de llevar a la práctica los propósitos de retener con demasía. Intención y acción decidida y audaz de apropiación de lo que es propiedad de los demás. Egoísmo acaparador y exigencia reivindicatoria en lo que se refiere al dinero (Gómez, 2014).
Interpretación grafonómica. Presencia de ganchos finales en palabras. Óvalos con bucles internos. Barra de la letra "t" con arpón final. Trazos finales prolongados con tendencia a la izquierda, largos, desproporcionados, en curva ascendente regresiva. Los números con movimientos concéntricos, regresivos o sinistrógiros. Ganchos convergentes en letras y jambas al final de la palabra.

ACELERADO. Impaciente, nervioso. Persona que actúa como sí tuviera prisa excesiva por realizar sus actividades, puede hablar de la misma forma en la que escribe: atropelladamente, sin parar. Fallos en la organización. Es indecisa y tendrá falta de tacto. Su miedo a la soledad le hace contactar a la gente de forma ansiosa (Minervini, 2007).
Interpretación grafonómica. Enlaces filiformes, finales de palabra inacabados, omisión de la barra de la letra "t", ausencia de comas. Escritura con velocidad rápida. Espacio pequeño entre palabras. Finales en palabra o letra acerados, puntos adelantados, presión normal o débil.

ACTIVIDAD. Conjunto de operaciones o tareas propias de una persona o entidad. Gusto y energía de una persona para la realización de tareas o proyectos.
Interpretación grafonómica. Trazos ascendentes y en ángulo, presión fuerte, tamaño normal en la letra, predominio de la zona dere-

cha del escrito; escritura rápida, firmeza en trazos.

ADAPTABILIDAD. Cualidad de adaptable. Facilidad de acomodo al medio y a las situaciones nuevas.
Interpretación grafonómica. Enlaces en guirnalda, formas en las letras redondeadas o curvilíneas, presión y velocidad media. La escritura asociada es agrupada, ligada o desligada, con buen sentido del ritmo, mixta y de líneas sinuosas.

AFÁN. Anhelo, empeño, pretensión. Esfuerzo o empeño grande. Deseo intenso de algo.

>---DE DISCUTIR. Empeño por discutir por cualquier tema en todo tipo de situaciones. Gusto por generar polémica para tener la oportunidad de debatir.
>*Interpretación grafonómica.* Escritura con mezcla de mayúsculas y minúsculas, angulosa y afilada, en guadaña (símbolo de la muerte, a la que se representa con este instrumento segador de vidas). Presión media, tamaño en letras de normal a grande.
>---DE DOMINIO. Es la necesidad que dispone a una persona para controlar a otras o para hacer uso de lo propio.
>*Interpretación grafonómica.* Mayúsculas grandes y con florituras (adorno complejo que resulta innecesario o superfluo). Firmas con exceso de ornamentación, presión fuerte, tamaño en letras de normal a grande. Colocación en puntos finales y puntos en la letra"i". Letras de tamaño de normal a grande. Presión de media a fuerte en la escritura.
>---DE POSESIÓN. Es el acto de poseer ciertas cosas, ya sean materiales o intangibles (cariño, amor, atención). El verbo poseer, por su parte, refiere a tener o saber algo.
>*Interpretación grafonómica.* Enroscamiento con tendencia a la izquierda en letras, en mayúsculas y en trazos iniciales. Letra con espirales hacia la izquierda o hacia la derecha. Mayúsculas complicadas. Presión de media a fuerte en la escritura.

AFASIA. (Ver en desorden mental)

Afectividad. Cualidad de afectivo. Desarrollo de la propensión a querer. Necesidad de los seres humanos de establecer vínculos afectivos con otras personas (RAE, 2014).
Interpretación grafonómica. Letras de trazos curvos o redondos, escritura compactada tanto en palabras como en letras, puntos en la letra "i" en forma de círculo. Tamaño en la letra de normal a grande.

Afeminado. Actitud o comportamiento en los hombres que se considera propio de las mujeres.
Interpretación grafonómica. Barroquismo en la escritura (muy elaborada), ornamentación en los trazos, adornos innecesarios, nexos y enlaces en arcadas.

Agilidad. Cualidad de ágil. Que se mueve, actúa o piensa con facilidad y rapidez.
Interpretación grafonómica. Escritura proporcionada en tamaño y de presión regular; velocidad alta.

---mental. Los especialistas sostienen que la agilidad mental es exclusiva del ser humano y se expresa en la facilidad para hacer cálculos mentales, encontrar rápidamente la solución a un problema, conseguir el material adecuado para un trabajo o hacer en poco tiempo cualquier redacción (Ceballos, 2019).
Interpretación grafonómica. Escritura rápida, simplificada, original, precisa que presenta ligados en la zona alta de la escritura o de letras. Agilidad en los trazos.

Agnosia. (Ver en desorden mental)

Agrafia. (Ver en desorden mental)

Agresivo. Una persona que tiende a la violencia física o verbal.
Interpretación grafonómica. La presión que se hace al escribir sobre el papel también habla del carácter. Una persona que presione mucho sobre el papel será agresiva, mientras que alguien con una presión débil será poco agresiva.

---, MUY. Cuando la violencia física o verbal es muy intensa o incluso ambas.
Interpretación grafonómica. Escritura angulosa, presionada, agitada, en ángulo, gran velocidad, brusquedad en trazos. Rasgos acerados, mayúsculas con ampulosidades, escritura grande o sobrealzada (de 4mm o más). Presión fuerte y empastamientos en trazos. Signos de puntuación de presión fuerte, centrados o en forma acento. Tildes y barras extensas en alfiler o aceradas iniciando con mucha presión. Rúbrica prolongada, recta y angulosa, de finales con arpón.
---, POCO. Cuando la violencia física o verbal es de menor grado e incluso a veces imperceptible.
Interpretación grafonómica. Escritura semiangulosa, presión de débil a media y escritura armónica.

AGRESOR SEXUAL. Persona que recurre a la práctica y ejercicio de la violencia física o moral en contra de otra con la finalidad de saciar sus deseos sexuales.
Interpretación grafonómica. Se denota en la letra "g", teniendo en la parte inferior un trazo ampuloso, aunque también hay que tomar en cuenta otros detalles. En general la zona inferior de esta letra es deforme; la escritura es poco ordenada, torcida y difícil de leer.

AGUDEZA. Prontitud, rapidez o facilidad para entender, captar y analizar situaciones en general.
Interpretación grafonómica. Barras de la letra "t" y finales de palabra largos y con poca presión. Escritura dextrógira y ligeramente ascendente, rápida y combinada. Si los puntos de la letra "i" y de la letra "j" son como acentos, estamos ante una persona polémica.

AHORRATIVO. Que implica ahorro. Dicho de una persona que guarda parte de sus ingresos, o que los administra cuidadosamente. Administración ordenada y prudente sobre bienes materiales.
Interpretación grafonómica. Escritura pequeña, condensada, artificiosa, invertida, lenta y margen izquierdo decreciente. Escritura normal o poco espaciada pero aireada (espacio entre letras o pala-

bras). Márgenes pequeños, aprovechamiento del papel. Punto de la letra "i" bajo.

ALCOHOLISMO. (Ver en enfermedad física)

ALEGRE. Cualidad de las personas al manifestar un estado de plena satisfacción y buen ánimo (Ucha, 2012).
Interpretación grafonómica. Escritura de tamaño grande, dirección ascendente, inclinación vertical con velocidad media y óvalos abiertos en la parte derecha superior. Ausencia de trazos angulosos. Barras de la letra "t" onduladas.

ALOCENTRISMO. Opuesto al egocentrismo. El individuo se centra en la atención de otro en lugar de sí mismo. Busca ayudar a los demás.
Interpretación grafonómica. Inclinación de la escritura hacia la derecha. Mayúsculas desproporcionadas o pequeñas. Puntuación con trazado curvo ligeramente cóncavo. Ausencia de adornos en las letras.

ALTRUISTA. Ser proclive a buscar el bien ajeno. Abnegación, benevolencia del beneficio de sus semejantes.
Interpretación grafonómica. Escritura con poco espacio intervocabular (entre palabras), inclinada a la derecha, rítmica, progresiva, simplificada, dextrógira (en sentido a las manecillas de reloj), clara y aireada. Márgenes normales o muy amplios, tendencia a unir las mayúsculas con la letra siguiente. Ausencia de trazados convergentes. Firma clara y simple.

ALZHEIMER. (Ver en desorden mental)

AMABLE. Cualidad de buen trato, buenos modales y buena educación.
Interpretación grafonómica. Predominio de nexos en guirnalda, trazos curvos o redondos; presión de baja a media. Inclinación dextrógira y espontánea. Trazos claros y legibles. Ausencia de rasgos convergentes. Firma que varía poco con respecto al texto, legible y rúbrica sencilla. Escritura pastosa, simplificada, progresiva, espon-

tánea, ligada, espaciada, rápida y margen izquierdo creciente. Zona media del escrito con inclinación y dirección hacia la derecha con nexos en guirnalda y baja presión. Escritura enlazada en cada palabra con proporción a la separación entre palabras y líneas. Mayúsculas proporcionadas. Ausencia de rasgos superfluos (innecesarios).

Ambición. Deseo de alcanzar y obtener posición económica, fama, fortuna u honores (RAE, 2014).
Interpretación grafonómica. Presión irregular (desigualdad), velocidad alta, dirección ascendente en determinados signos gráficos como las barras de la letra "t"; dirección ascendente también en letras. Escritura grande en guirnalda y con presión fuerte.

---**Desmedida.** Desconocimiento de los propios límites; falta de predisposición para reconocer las normas. Tendencia de la persona a interpretar de manera deformada la realidad, pero de acuerdo a sus ideas y deseos. Será indicador a la vez de la falta de consideración por la personalidad, derechos o pertenencias de los otros. La ambición desmedida y la vanidad que manifiesta serán, en este caso, una compensación del sentimiento de inferioridad (Doyharzábal, 2017).
Interpretación grafonómica. Se observa el tamaño de la escritura excesivamente grande. El número "2", con trazo inicial en forma de espiral y/o con trazo final ascendente y recto. El número "3" con la zona superior sobresaltada más alta que la otra.
---**En perjuicio de terceros.** Este concepto se refiere a la intención directa de perjudicar a otras personas. Es una acción que consiste en provocar un detrimento a alguien o algo motivado exclusivamente por la ambición.
Interpretación grafonómica. Firma ascendente y legible, rúbrica complicada y escritura confusa. Pueden detectarse invasiones que se presentan en los choques entre pies y crestas y letras que invaden el terreno de otras letras. Firma que invade los textos.

Ambiguo. Dicho del lenguaje que puede entenderse de varios modos o admitir distintas interpretaciones y dar, por consiguiente,

motivo a dudas, incertidumbre o confusión. Acción de una persona, que con sus palabras o comportamiento, no define claramente sus actitudes u opiniones (RAE, 2014).
Interpretación grafonómica. Escritura legible, inclinada (a la derecha), con óvalos cerrados. Firma también legible.

AMIGUERO. Dicho de una persona que entabla amistades fácilmente y con múltiples personas en diferentes situaciones de vida (RAE, 2014).
Interpretación grafonómica. Escritura que contiene trazos curvos o redondos o en guirnalda, dirección ascendente, inclinada hacia la derecha, rápida con desigualdad en la velocidad. Poco espacio entre letras y palabras.

---SELECTIVO. Personas analíticas y observadoras con gusto refinado, capaces de apreciar lo bueno, sobre todo en amistades.
Interpretación grafonómica. Escritura angulosa, contenida y constante. Presión fuerte.

AMPLITUD DE MENTE. Cualidad de una persona que ve los problemas de forma diferente o que no tiene reparo en hablar o discutir temas que son considerados tabú. Se dice que tiene amplio criterio.
Interpretación grafonómica. Escritura de tamaño grande, dirección ascendente y con predominio de nexos en guirnalda. Velocidad rápida.

ANALÍTICA. Perteneciente o relativo al análisis. Capacidad para separar un problema o cuestión en partes y organizar con lógica los distintos aspectos que la conforman, y así, actuar en consecuencia.
Interpretación grafonómica. Escritura pequeña, organizada y simplificada sin rasgos innecesarios. Óvalos cerrados; letras "i" y "t" simplificadas; escritura decreciente (gladiolada), agrupada, ligada y concentrada. Signos de puntuación constantes y bien colocados. Velocidad y presión de ligera a media.

ANGUSTIA. Sensación penosa de malestar profundo (inquietud extrema, miedo irracional) que afecta el ánimo y que surge de la impre-

sión difusa. Acumulación de tensiones, ideas fijas o tendencias obsesivas (Vels, 1983).
Interpretación grafonómica. Trazos finales alargados hacia la zona inferior del escrito y con presión muy tenue y leve, tamaño de grande a pequeño (decreciente). Presión media, poco espacio de separación entre letras y palabras, trazos que se rompen como si se interrumpiera el acto de escribir. Dirección, teniendo como base el renglón, descendente; dependiendo cuánto descienda se valora si va conjunta con una depresión, ya sea momentánea y pasajera, o bien, de mayor cuidado con tendencia al suicidio. Los puntos de la letra "i", paréntesis y signos gráficos muy presionados. Presión espasmódica: fuertes diferencias de presión, con variaciones notorias e intensas.

ANOREXIA. (Ver en desorden mental)

ANSIEDAD. Alteración del estado mental que se caracteriza por una gran inquietud, una intensa excitación e inseguridad. Es una sensación desagradable, difusa y vaga de intranquilidad (Cervecera, Haro y Martínez-Raga, 2005).
Interpretación grafonómica. Escritura espaciada, mal hecha, con velocidad precipitada, agitada y filiforme o en hilo. Se presentan enlaces en tres diferentes formas: entre letra y letra, entre palabra y palabra y entre renglón y renglón.
Nota: puesto que los trazos ocultadores son muy particulares, es muy importante dar una valoración correcta y tener en cuenta la zona concreta en donde aparecen.

ANTIPÁTICO. Característica personal de alguien que desagrada de sobremanera a los demás (incluso se presenta rechazo).
Interpretación grafonómica. Presión fuerte, velocidad media o rápida, letra angulosa, jambas prolongadas hacia la zona inferior, espacio entre letras y palabras amplio. Óvalos angulosos. Ejes de la letra "t" convexos hacia la derecha o barra de la misma "t" que parte desde el renglón o debajo de este.

APACIBLE. Persona que es tranquila en la convivencia y en el trato.

Que está libre de brusquedad y violencia (Carrasco, 2018).
Interpretación grafonómica. Escritura de pequeña a normal, de trazos curvos o redondos, velocidad promedio y presión firme. Espacios y márgenes cuidados con cierto orden y organización. Escritura agradable (con belleza).

APARIENCIAS, manejo de las. Tendencia al disimulo, a la ocultación y simulación. Refleja el encubrimiento de la verdadera personalidad y la insinceridad. La predisposición a la mentira y el hábil manejo de las apariencias tienen un importante papel en el engaño, el fraude o la estafa. La amabilidad hipócrita, el egoísmo y el cinismo serán otras características ligadas a este término. También es indicador de la predisposición a la apropiación y al acaparamiento (Doyharzábal, 2017).
Interpretación grafonómica. Escritura con exceso de arcadas y demasiado grande. Firma con exageraciones en tamaño y adornos.

APERTURA. Actitud comprensiva y tolerante, aceptación de nuevas ideas. Criterio amplio.
Interpretación grafonómica. Escritura de tamaño grande, dirección ascendente y con predominio de nexos en guirnalda. Velocidad alta.

APRAXIA. (Ver en desorden mental)

ARTES VISUALES, para las (Ver en habilidades y capacidades)

ARTIFICIO. Arte, ingenio o habilidad con que está hecho algo. Predominio de la elaboración artística sobre la naturalidad (RAE, 2014). El artificio refleja vanidad, insinceridad, y a veces inseguridad.
Interpretación grafonómica. Puede darse que se refleje en una escritura adornada. Escritura apretada, caligráfica o tipográfica, angulosa, monótona, principalmente en los arcos con adornos, óvalos cerrados y/o dobles. Regularidad de principio a fin de la carta o página (escritura rítmica y proporcionada). Velocidad baja o mesurada, escritura regresiva con diferencias entre firma y texto del escrito, rúbrica embrollada (exageradamente adornada).

ASESINO SERIAL. También llamado asesino múltiple. Los criminólogos señalan y coinciden en que es aquella persona que mata por lo menos en tres ocasiones con intervalos generalmente regulares entre cada una de ellas y tiene un sello propio y particular para todas sus ejecuciones. También presenta periodos de enfriamiento o de retiro, donde el asesino deja de cometer los homicidios, para después regresar. Lo anterior resultado de trastornos psicopatológicos, contrariamente a aquellos motivados por el robo, ganancias monetarias (por ejemplo, asesinos a sueldo o sicarios) o aspectos ideológicos o políticos (por ejemplo, terroristas o genocidas).
Interpretación grafonómica. Escritura con velocidad lenta, tamaño de normal a grande, angulosa, dirección horizontal. Hablando de blancos dentro del escrito suelen presentarse cascadas o bolsas extensas. Inicios y/o finales con arpones o aceramientos (trazos acerados). Margen derecho creciente. Hampas con rasgos de escorpión. Óvalos pinchados y/o divididos verticalmente o elípticos con ángulo en su base. Jambas con triangulaciones y en puntas agudas, invasivas y con correcciones.

ASIMBOLIA. (Ver en desorden mental)

ASIMILAR, facilidad de. Poder de comprensión y captación de los sentidos y las cosas.
Interpretación grafonómica. Escritura agrupada (ligada y/o desligada), rítmica, combinada, clara, armoniosa, simplificada, de trazado fácil y rápido. Base curvilínea. Puntuación correcta y centrada en general de puntos, comas, punto y coma, dos puntos y en las letras que lo llevan tales como la "i" y "j".

ASTUCIA. Cualidad de astuto. Capacidad o habilidad para engañar o para evitar un engaño o para lograr un fin de manera artificiosa (RAE, 2014).
Interpretación grafonómica. Óvalos cerrados, trazos finales breves (en ocasiones ausencia de ellos), movimientos circulares, principalmente en las letras mayúsculas. Aspecto de conjunto gráfico positivo con firma ilegible, rúbrica rebuscada, complicada o en forma de bolsa, de velocidad de rápida a precipitada.

Atleta y deportista, para ser. (Ver en habilidades y capacidades)

Autismo. (Ver en desorden mental)

Autoagresivo. Este tipo de comportamiento consiste en hacerse daño a sí mismo. Cuando el sujeto se lastima hace, a la vez, de sujeto irascible, de verdugo ejecutor, así como de víctima pasiva –en este papel la ira se transforma en dolor–. Es motivado por una necesidad irracional de autocrítica o autoculpabilidad.
Interpretación grafonómica. Escritura descendente, con puntas o arpones a la izquierda, contenida, con tachaduras, óvalos pinchados y posible presencia de uña de gato. Tamaño de letra decreciente (gladiolada). Rúbrica con arpón hacia la izquierda y firma cruzada o tachada por la rúbrica.

Autoconcepto. Concepto de sí mismo. Criterio propio que cada persona construye sobre ella.
Interpretación grafonómica. Escritura de tamaño grande, dirección ascendente, inclinación vertical con velocidad media y óvalos abiertos en la parte derecha superior. Ausencia de trazos angulosos. Barras de la letra "t" onduladas.

   ---**alto.** Buen concepto de sí mismo.
   Interpretación grafonómica. Escritura bien hecha, grande, sobrealzada y firma que es de mayor tamaño que el texto de la carta.
   ---**bajo.** Concepto de sí mismo no bueno, más bien malo.
   Interpretación grafonómica. Escritura mal hecha, pequeña, rebajada, descendente, firma menor que el texto de la carta y rúbrica tachando la firma. Presión leve.

Autoconfianza. Sentimiento basado en la fuerte conciencia del propio poder para afrontar las posibles dificultades. Confianza en sí mismo. Seguridad en sí mismo para realizar tareas y obtener resultados positivos (Emociones y creatividad, 2014).
Interpretación grafonómica. Escritura extendida y movida, de tra-

zado fluido, dinámica y segura, con desarrollo progresivo, formas personalizadas de tamaño grande o muy grande, presión de media a fuerte, velocidad rápida de inclinación vertical o ligeramente inclinada hacia la derecha y coligamento en ángulo; barras de la letra "t" en dirección ascendente; renglones del texto y/o firma con dirección ligeramente ascendente ;renglones del texto y/o firma con dirección ligeramente ascendente. Firma situada a la derecha o en el centro de la página, en ocasiones sin rúbrica o con rúbrica pequeña, sencilla y firma semejante al texto; letras bien hechas y puntos de la letra "i" bien marcados.

AUTOCONTROL. Control de los propios impulsos y reacciones. *Interpretación grafonómica.* Escritura proporcionada, rítmica, letras rectas o verticales, horizontal en cuanto a la base del renglón, márgenes regulares, velocidad normal, presión leve a normal, firma proporcionada al texto del escrito.

AUTOESTIMA. Es la concepción afectiva que tenemos sobre nuestra propia persona partiendo del conocimiento de nuestro autoconcepto, es decir, saber quiénes somos, cuánto nos queremos y cuánto nos valoramos. Es la percepción evaluativa de nosotros mismos sin que ello quiera decir que sea real, pudiendo ser alta o baja.

---**ALTA.** Buena concepción afectiva sobre nosotros mismos. *Interpretación grafonómica.* Los rasgos gráficos compondrán una escritura extendida y movida, de trazado fluido, dinámica y segura, con desarrollo progresivo, grande o muy grande, vertical o ligeramente inclinada hacia la derecha, así como dirección ascendente ligera tanto en los renglones del texto, como de la firma; formas personalizadas, presión de media a fuerte, velocidad rápida y coligamento en ángulo; barras de la letra "t" en dirección ascendente, puntos de la letra "i" bien marcados y letras bien hechas; firma situada a la derecha o en el centro de la página, en ocasiones sin rúbrica o con rúbrica pequeña, sencilla y firma semejante al texto.
---**BAJA.** Mala concepción afectiva sobre nosotros mismos.

Interpretación grafonómica. Escritura de trazos de tamaño de pequeño a muy pequeño, decreciente (tamaño de mayor a menor), texto descendente, presión de suave a ligera, renglones ligeramente descendentes; barras de la letra "t" en dirección descendente y puntos de la letra "i" débilmente marcados; firma que cae (descendente), pequeña o ausente, situada a la izquierda de la página.

Automotivación. Los psicólogos coinciden que es eliminar todo pensamiento o hábito negativo que nos aqueja con la intensión de manejarnos de acuerdo a lo que nos conviene. Es la capacidad para mantener la ilusión, constancia y empuje para superarse.
Interpretación grafonómica. Escritura extendida, vertical o inclinada, dinámica, progresiva, con presión firme. Firma y texto horizontal ascendente; primer trazo o letra de la firma mayor a las siguientes.

Autoridad. Capacidad o aptitud de una persona para imponer su criterio o voluntad, aún con discrepancia de algunos.
Interpretación grafonómica. Escritura angulosa/semiangulosa a dinámica, de tamaño normal a grande, extendida, con trazos ligados altos, agrupada o ligada, horizontal o ascendente con base al renglón, con trazos originales; letra vertical o ligeramente inclinada hacia la derecha. Barras de la letra t altas con una exagerada inclinación a la zona derecha del escrito; margen derecho pequeño, presión de normal a fuerte. Rúbrica y firma amplia o grande con puntos bien marcados.

Autovaloración de habilidades y aptitudes. Acción y efecto de valorarse. Es la configuración de la personalidad que integra el concepto de sí mismo en el que aparecen cualidades, capacidades, intereses y motivos, de manera precisa y con relativa estabilidad y dinamismo (Fernández, 2005).
Interpretación grafonómica. Firma y texto horizontal ascendente. Primer trazo de la firma mayor que el resto. Escritura extendida, vertical/inclinada, dinámica y progresiva. Presión firme.

Avaricia. Afán desordenado de una persona por poseer y adquirir riquezas para atesorarlas. Posee un campo de conciencia estrecho que limita su capacidad para comprender. Disimulo, ocultación y engaño (RAE, 2014).
Interpretación grafonómica. Firma muy pequeña, ilegible o confusa en texto. Rasgos regresivos, margen izquierdo muy pequeño o inexistente. Escritura pequeña, apretada, sin espaciamiento entre palabras y líneas (distancias pequeñas entre palabras y líneas), formas angulosas y en gancho.

Aviador, para ser. (Ver en habilidades y capacidades)

Bailarín, para ser. (Ver en habilidades y capacidades)

Benevolencia. Simpatía y buena voluntad hacia las personas o las causas (RAE, 2014).
Interpretación grafonómica. Predominio de nexos en guirnalda. Escritura con poco espacio intervocabular (entre palabra y palabra), inclinada a la derecha, rítmica y progresiva. Escritura simplificada, dextrógira (en sentido a las manecillas de reloj), clara y aireada. Márgenes normales o muy amplios. Tendencia a unir las mayúsculas con la letra siguiente. Ausencia de trazados convergentes. Firma clara y simple.

Bloqueos sexuales. Para los especialistas es algo que de manera física o emocional afecta los impulsos sexuales, y estos a su vez, a la culminación de las relaciones sexuales, siendo un signo de alarma de una posible alteración psicológica. Cierta frialdad en las relaciones sexuales.
Interpretación grafonómica. Pies o jambas angulosas, cortas y/o regresivas. Letra "g" sin bucle o truncada (libido detenida o coartada

por causas de salud o timidez) (RAE, 2014).

BONDAD. Cualidad de bueno. Natural inclinación a hacer el bien. Ausencia de genio o placenteramente dulce.
Interpretación grafonómica. Escritura curva en la base, inclinación dextrógira. Letras claras y legibles. Ausencia de rasgos convergentes (trazos que se juntan). Firma y rúbrica sencillas.

BUEN GUSTO. Es el reflejo de una parte de la personalidad y la forma de ser de cada individuo. Remite a la sensibilidad estética que muestra una persona para usar o crear belleza en su entorno cotidiano a través de la moda, la decoración y el arte (García, 2017).
Interpretación grafonómica. Escritura tipográfica, proporcionada, estética y equilibrada, con armonía en las formas, márgenes proporcionados y una distribución correcta y también armoniosa.

BUEN HUMOR. Propensión a mostrarse alegre, jovial y complaciente (Rae, 2014).
Interpretación grafonómica. Dirección ascendente, trazos curvos y/o redondos, predominio de la zona derecha del escrito y puntos de la letra "i" sobrealzados. Tendencia de signos gráficos a la derecha como las barras de la letra "t", acentos, etcétera.

BUENA MEMORIA. Es la capacidad que desarrolla una persona para vincularse con el pasado y con sus recuerdos.
Interpretación grafonómica. Margen izquierdo regular, escritura caligráfica, ordenada y con trazos iniciales largos.

BUENOS MODALES. Gusto por los buenos tratos y modos; sin escepticismo ni crítica destructiva (Alarcón, 2001).
Interpretación grafonómica. Escritura armoniosa, gladiolada, precisa. Finales de palabra finos. Espaciado suficiente, no exagerado. Presión ligera.

BUEN SENTIDO. Facultad innata en el hombre, que le permite distinguir lo verdadero de lo falso, y que le permite juzgar bien

(Descartes, 2013).
Interpretación grafonómica. Puntuación baja cerca del cuerpo de la letra. Escritura regular, ausente de rasgos inútiles y de igual altura según su tipo (mayúscula y minúscula).

BUEN TRATO. Buena manera o forma de actuar, de comportarse o de proceder de una persona en su relación con los demás.
Interpretación grafonómica. Escritura simplificada, espaciada (en cada palabra con proporcional separación entre palabra y líneas), progresiva (inclinada hacia la derecha), espontánea, con una inclinación dextrógira (zona media del escrito con inclinación y dirección hacia la derecha), de tamaño grande, dirección en la base del renglón horizontal, escritura ligada o agrupada, forma curva y redonda (curva en la base, enlaces de letras curvos por la línea); predominio de nexos en guirnalda, presión de baja a media, velocidad rápida. Trazos claros y legibles. Ausencia de rasgos convergentes. Firma y rúbrica sencillas, que varía poco con respecto al texto. Óvalos abiertos hacia la derecha. Margen izquierdo creciente o amplio. Mayúsculas proporcionadas y ausencia de rasgos superfluos. Se presenta mucho orden en la hoja, mostrando una disposición muy cuidada, con un ambiente gráfico positivo.

BULIMIA. (Ver en desorden mental)

C

CABALLEROSIDAD. Cualidad de caballeroso. Actitud caracterizada por la gentileza, desprendimiento, cortesía, nobleza de ánimo y otras virtudes semejantes (RAE, 2014).
Interpretación grafonómica. Escritura ornamentada (adornada), de gran tamaño y redondeada. Adecuado uso de los puntos y signos. Presión leve a normal.

CALIDAD EN EL TRABAJO. Se define como la suma de atributos propios del desempeño laboral como: puntualidad, responsabilidad y tener extremo cuidado al realizar las actividades.
Interpretación grafonómica. Escritura vertical, con base al renglón, su dirección es horizontal, bien hecha, organizada, pequeña y precisa. Márgenes regulares.

CALMA, tener. Actitud de sosiego y tranquilidad.
Interpretación grafonómica. Puntos de la letra "i" y barras de la letra "t" bajos. Velocidad lenta, presión media y constante.

CÁNCER. (Ver en enfermedad física)

CAPACIDAD. Cualidad de capaz. Posibilidad de desarrollar funciones motrices y procesos de pensamiento. Para algunos autores la capacidad reside en el dominio que un individuo posee sobre determinada actividad.

---DE CONVICCIÓN. Competencia que demuestra una persona para estar segura de lo que piensa sobre algún tópico en particular.
Interpretación grafonómica. Escritura de tamaño de normal a grande, dinámica, personalizada, con trazos sobrealzados (ligados altos en hampas), con inclinación vertical o hacia la derecha, dirección en la base del renglón horizontal o ascendente; formas de letras curvas o redondas o bien en guirnaldas, bucles, lazos o espirales (cualquiera de estas). Presión fuerte y firme, poco espacio entre palabra y palabra; puntos de la letra "i" bien marcados; firma igual o mayor que el texto y subrayada, de letras legibles, rúbrica sencilla o ausente.

---DEDUCTIVA. Capacidad de analizar, y en consecuencia, inferir resultados. Persona que obra o procede por deducción (RAE, 2014).
Interpretación grafonómica. Escritura simplificada, con alto nivel de velocidad, ligada, de alta legibilidad, ordenada y proporcionada.

---DE OBSERVACIÓN. Habilidad de examinar minuciosamente, con atención y detalle.
Interpretación grafonómica. Escritura pequeña, redonda antes

que angulosa, así como rápida, limpia y con márgenes proporcionados. Colocación correcta de puntos y signos.

---DE ORGANIZACIÓN. Habilidad de seleccionar, arreglar y clasificar de manera sencilla y con criterio específico.

Interpretación grafonómica. Proporción y orden en los cuatro márgenes, bien distribuidos, con regularidad, buen sentido de la distribución y del espacio. Escritura bien hecha, ordenada, organizada, armónica, controlada, regular; firma y rúbrica bien situadas en el texto, se rubrica antes de firmar. Nexos en hilo, verticalidad, líneas horizontales del renglón, escritura precisa y bien distribuida. Gran precisión de detalles, líneas bien estructuradas y puntos en la letra "i" bien colocados.

---DE PLANIFICACIÓN. Acción de elaborar y ejecutar un plan organizado y, frecuentemente, de gran amplitud para obtener un objetivo determinado (BioDic, s/f).

Interpretación grafonómica. Escritura precisa, bien distribuida, letra estética, armoniosa, con gran precisión de detalles, márgenes cuidados, líneas bien estructuradas y puntos en la letra "i" bien colocados. Márgenes ordenados, disposición cuidada, líneas horizontales en la escritura.

---DE RESPUESTA. Cualidad de reaccionar positiva e instantáneamente a los diferentes estímulos, obteniendo buenos resultados o salidas positivas al actuar.

Interpretación grafonómica. Escritura con rasgos verticales, con presión fuerte, dextrógira y ligeramente ascendente, rápida, flexible y combinada. Separación correcta entre palabras. Jambas más largas de lo normal, con algunos ganchos convergentes. Predomina la zona central (las minúsculas sin jambas son mayores, en proporción a las letras que tienen rasgos salientes como las letras "t","f", "l", "h", "q", "p". Barras de la letra "t" y finales de palabra largos y ligeros. Puntos de la letra "i","j", y barras de la letra "t", bajos.

---DE SÍNTESIS. Conjunto de habilidades que ayudan analizar, estructurar, correlacionar y resumir lógicamente para un correcto entendimiento.

Interpretación grafonómica. Escritura pequeña, muy elaborada, simplificada (solo trazos necesarios para la formación de las letras), ligada en la zona alta.

---NEGOCIADORA. Habilidad de una persona para mediar y equilibrar intereses propios o entre terceros y llegar a un acuerdo benéfico para los implicados.
Interpretación grafonómica. Escritura curva (puede ser en guirnaldas, con bucles, lazos y espirales). La escritura es pequeña, más bien redonda antes que angulosa, así como rápida, limpia y con márgenes proporcionados. Separación correcta entre palabras, presionada y con rasgos verticales.

---REFLEXIVA. Habilidad de una persona que piensa detenidamente un asunto antes de hablar o actuar.
Interpretación grafonómica. La escritura asociada a la capacidad reflexiva tiende a ser de tamaño pequeño, redondeada, ordenada, guarda proporción en todos sus márgenes y muestra un alto nivel de velocidad. Separación correcta entre palabras, presionada y con rasgos verticales.

CARDÍACA, afección. (Ver en enfermedad física)

CATATÓNICO, estado. (Ver en desorden mental)

CAUTELA. Precaución y reserva con la que se procede o actúa. Astucia y sutileza para engañar (RAE, 2014).
Interpretación grafonómica. Óvalos cerrados, puntos de la letra "i" y barras de la letra "t" perfectamente situados y regulares. Escritura pequeña a normal, velocidad mesurada, presión de firme a fuerte.

CELOS. Interés extremo y activo que alguien siente por una causa o por una persona. Sospecha, inquietud y recelo de que la persona amada haya mudado, mude o comparta su cariño con otra persona. Supone la desconfianza del objeto amado a la vez que una falta de confianza en los propios valores para "retener" con el exclusivismo deseado (Sánchez, 2018).
Interpretación grafonómica. Escritura curva, muy invertida o tumbada hacia la izquierda con guirnaldas exageradas, dirección muy as-

cendente; escritura grande en tamaño, pero irregular en sus letras; presión de media a fuerte. Barra de la letra "t" que parte desde el renglón o debajo del renglón. Ganchos convergentes. Trazo superpuesto en letra "g" pasa sobre la misma trayectoria de un trazo anterior.

CHARLATÁN. Que habla mucho. Que engaña o embauca a través de la palabra para obtener un beneficio o por simple gusto.
Interpretación grafonómica. Predominio del negro sobre el blanco, espacios pequeños entre letras y líneas (se enciman). Escritura angulosa, dirección ascendente, óvalos de las letras abiertas en zona superior. Uso de mayúsculas en lugar de minúsculas en medio de las palabras.

CIRUJANO, para ser. (Ver en habilidades y capacidades)

CLARIDAD de ideas. Ausencia de perturbaciones mentales o de dispersión en el pensamiento (Alarcón, 2001).
Interpretación grafonómica. Letra pequeña, angulosa, armónica, regular, legible, sencilla, proporcionada, bien hecha, ordenada, simplificada, márgenes ordenados, zona superior del escrito pequeña (prevalencia del blanco sobre negro).

---MENTAL. Habilidad para analizar en esencia conductas y situaciones relativas a la interioridad personal.
Interpretación grafonómica. Escritura legible, simplificada, ligeramente inclinada a la derecha, equilibrio en el espaciamiento gráfico, mayúsculas tipográficas y óvalos sencillos. Firma legible y sencilla.

CLEPTOMANÍA. (Ver en desorden mental)

CODICIA. Afán excesivo de riquezas. Deseo vehemente de cosas buenas. Intereses materiales, y en algunos casos, deseos de autoafirmación (RAE, 2014).
Interpretación grafonómica. Finales de palabras prolongados hacia abajo, se proyecta la energía y el impulso hacia la zona inferior. Mar-

gen izquierdo ausente o estrechándose. Palabras, letras y líneas muy juntas entre sí. Puntos de la letra "i" bajos.

Colores en grafología.
Existe una técnica que se conoce como el *Test de los colores de Lüscher*, en el que el amanuense escoge un útil inscriptor entre algunas y distintas tintas de colores.

La elección de un determinado color de tinta en el útil inscriptor, usado con más frecuencia que el resto, nos aporta datos para el análisis grafológico del estudio de la personalidad, incluyendo el carácter y el temperamento. Grafológicamente hablando nos arrojará datos sobre el comportamiento afectivo, laboral, emotivo, intelectual, entre otros, de la persona a analizar. Esta elección de tinta tiene que ser de manera libre y espontánea, es decir, se debe poder elegir entre diferentes colores para escribir un texto, o bien para un dibujo solicitado para una prueba proyectiva.

Cada color es muy importante ya que nos habla de la energía de cada persona, la cual afecta de distinta manera a cada individuo, provocando en cada uno de nosotros sensaciones diferentes, que conscientemente no percibimos y es cuando cada persona se siente atraída por una vibración, lo cual resulta en la elección de cierto color y no otro, plasmada en un soporte; elegir un color con el que se desea escribir (o se dibuja) es de mucha importancia, ya que es una elección del inconsciente.

Los colores en grafología implican la interpretación de lo que se obtiene al haber escogido un color y plasmarlo en el soporte u hoja de papel (Del Longo, 2001).

> **Celeste** (azul cielo). Nos habla de pureza, dulzura, simpatía, tranquilidad, protección, armonía, amistad y confianza. Nos hace sentir tranquilos y protegidos de todo el alboroto y las actividades del día; se usa contra el insomnio (Aracil, 2012).
> **Azul.** Este color nos habla de los sentimientos con respecto a personas cercanas. Señala la pretensión de alcanzar la armonía y la unidad por medio de la entrega pacífica. El color azul se asocia con la estabilidad y la profundidad, representa la lealtad, la confianza y la verdad. Es un color ligado a la tranquilidad,

a la calma, a la sabiduría, a la inteligencia y a la consciencia. Quien lo elige será una persona estable, buen amigo, persona que sigue las tradiciones, que resuelve las cosas después de pensarlas con calma, con sabiduría e inteligencia (Araos, 2016).
Violeta. Indica melancolía en quien lo elige, como también emotividad y tristeza. Disposición a la sugestión y a la manipulación. Es el color que tiene que ver con lo místico, la magia, el embrujo y el erotismo (Columbie, 2011). El conflicto que representa señala que existe dificultad para comprender.
Verde. Señala la presencia de algo de obsesión. Los verdes indican control interno, la fuerza de voluntad y la capacidad de disfrutar. Este color tiene un efecto de estabilidad y constancia, representa valores sólidos, firmeza de convicciones, una autoestima estable, la dignidad, el prestigio moral y el respeto (Consenza, 2009). Este color indica que la persona que lo elige intenta dominar y llevar adelante sus propósitos, con el deseo de imponerse sin que la condicionen. El verde es el color de la naturaleza por excelencia. Representa armonía, crecimiento, exuberancia, fertilidad y frescura. Tiene una fuerte relación, a nivel emocional, con la seguridad. Elegir tinta de este color señala a la persona que lo hace con temperamento jovial, que está siempre abierta a nuevas ideas y que da un gran valor a su libertad. A veces puede mostrar cierta predisposición a escapar de las responsabilidades del día a día. En las relaciones amorosas es muy comprensiva y siempre hace lo posible por evitar conflictos y discusiones. Debe controlar cierta tendencia a la pasividad. Puede resultar un líder muy a su manera, pero la dificultad que hallará es que su forma distinta de encarar el mando provoca resistencia por incomprensión. Debe equilibrar esta conducta con la dosis justa de firmeza, en el momento adecuado. Será el creativo de la empresa (Pardo, 2018).
Blanco. Nos habla de ingenuidad y frialdad; también refleja el simbolismo religioso el cual está relacionado con el comienzo, la perfección, el luto y la resurrección. Representa el lado opuesto de todo lo que asociamos al negro. Las personas que usan el blanco transmiten bondad, pureza e inocencia, ya que

este color simboliza paz, humildad y amor. Es un color al que concedemos poca relevancia ya que, en las preferencias de la mayoría de las personas, casi nadie lo menciona como su color favorito, ni tampoco como su color más odiado. Es un color femenino y noble pero también es débil, y en este sentido tiene como colores contrarios al negro y al rojo, que son los colores del poder y la fuerza (Núñez, 2014).

Naranja. Capacidad, inteligencia, claridad de ideas en el sujeto. El naranja significa que le resulta inquietante que el objetivo perseguido y los esfuerzos empleados no tengan el efecto deseado ni el éxito.

Amarillo Es el color de la iluminación, transmite una sensación de ligereza y carece de profundidad. La superficialidad es la característica del amarillo y significa desapego, cambio y liberación; es considerado el color de la inspiración y la redención (Cosenza, 2009). El conflicto que representa se refiere al cuestionamiento sobre el futuro cuando el desarrollo deseado se mantiene bloqueado o frustrado (Ponce, 2009).

Marrón o café. Nos habla de la sensación de inseguridad. Es un color masculino, severo y confortable, evoca el otoño y da la impresión de gravedad y equilibrio. Es un color realista por ser el de la tierra. Se considera el color de lo antipático, la pereza, la necedad; acogedor de lo corriente y anticuado. También representa salubridad y rehabilitación, es un color estable y puede ser asociado con experiencia y comodidad (Heller, 2004).

Rosado o rosa. Es un color relajante que influye en los sentimientos, invitando a ser amables, suaves y profundos e induciéndonos de esta forma a sentir cariño, amor y protección. Las palabras claves que se asocian con el rosa son inocencia, amor, entrega y generosidad (Núñez, 2014).

Rojo. Las tonalidades de este color indican actividad, iniciativa y cómo reacciona el individuo ante los desafíos. El rojo es el impulso de vivir, luchar y conquistar para alcanzar la armonía. Expresa la confianza en las propias fuerzas y en uno mismo (Cosenza, 2009). Este color significa excitación y engendra en cualquiera una sensación estimulante. Es el del fuego, de la sangre, por lo que se le asocia al peligro, a la guerra, energía, fortaleza, determinación, así como a la pasión, al deseo y al amor. Es un color muy fuerte a nivel emocional (Saregune, 2008), la preferencia por la tinta de este color revela que se trata de una persona que gusta de vivir intensamente y es amante de las aventuras. Es el líder natural, por excelencia. Aunque como a toda personalidad inclinada al liderazgo, se le suelen anteponer obstáculos casi a cada paso. En la intimidad puede cuestionarse decisiones tomadas de forma impulsiva e intuitiva. Revela también a una persona dinámica y creativa y que pone en juego su fuerza para lograr sus objetivos. Tiene un lado agresivo que debe controlar. Se le asocia al don de mando (Pardo, 2018).

Negro. Asociado a ideas tristes en el individuo. Representa el poder, la elegancia, la formalidad, la muerte y el misterio (García, et al., 2013). Es el color más enigmático y se asocia al miedo y a lo desconocido; representa autoridad, fortaleza e intransigencia. También se asocia al prestigio y a la seriedad (Posada, 2012). La preferencia por este color indica que se trata de alguien que se toma la vida muy en serio. Es un gran organizador, quizá no para actuar como líder, pero sin duda es el arquetipo de "la mano derecha", o "el cerebro oculto" detrás del líder físico. Dotado de una gran energía, se dedica en cuerpo y alma a todo lo que emprende (Pardo, 2018). Puede tener, en ocasiones, cierta tendencia al pesimismo. Su fuerza, a veces, puede llegar a volverse en contra y el exceso de empuje llegar a debilitarlo y hacerlo desviar de sus metas. La forma de contrarrestar esta actitud y de lograr el equilibrio es trabajar sobre esa intransigencia, permitiéndose delegar trabajo sin querer abarcarlo todo (Araos, 2016).

Los colores de conflicto son seis: azul, rojo, verde, amarillo, naranja y violeta; muestran dónde reside el problema y se utilizan como indicadores para encontrar la solución al conflicto. Cada color corresponde a un estado de ánimo y puede reflejar gran variedad de sentimientos (Ponce, 2009).

COLUMNA VERTEBRAL, afección. (Ver en enfermedad física)

COMPLEJO DE CULPABILIDAD. Es el infundado sentir en una persona de ser responsable de situaciones o aconteceres negativos. Entre las causas principales, nos encontramos con la propia responsabilidad excesiva, así como con el remordimiento.
Interpretación grafonómica. Letras y trazos de tamaño pequeño, estrechamiento de palabras y líneas. Presión muy liviana, dirección descendente, óvalos cerrados y margen izquierdo que se va estrechando.

COMPLEJO DE INFERIORIDAD. Es un reflejo mental inconsciente que se proyecta por la imagen distorsionada del YO al ser comparada con las ideas sugestivas que ha obtenido el individuo a lo largo de su vida. Estas ideas sugestivas hacen que el individuo tenga menos capacidades de las que realmente posee y dependiendo del individuo y de cuáles ideales se propone lograr, su frustración se convierte en contrapeso de su avance. La persona se siente de menor valor que los demás (Adler, 2000).
Interpretación grafonómica. Escritura mal hecha, pequeña, rebajada, descendente. Firma menor que el texto de la carta; rúbrica tachando la firma. Mayúsculas mucho más altas que las minúsculas. Margen derecho creciente.

COMPLEJO DE SUPERIORIDAD. Es un mecanismo inconsciente, neurológico, en el cual tratan de compensarse los sentimientos de inferioridad de los individuos, resaltando aquellas cualidades en las que sobresalen. Los aspectos negativos del ser son evitados por su psiquis para mantenerse excesivamente firme en una idea, intención u opinión, generalmente poco acertada, sin tener en cuenta otra posibilidad. La exhibición del complejo de superioridad, generalmente, se proyecta hacia los sentimientos de inferioridad con respecto a los demás (Adler, 2000).
Interpretación grafonómica. Escritura bien hecha, grande, sobrealzada. Firma mayor que el texto de la carta. Rúbrica grande y con ampulosidades y ornamentada. Presión firme a fuerte y mayúsculas ampulosas.

COMPRENSIÓN BAJA. La posee una persona con dificultad considerable para entender y razonar, reflejada en una baja concentración.
Interpretación grafonómica. Trazos iniciales largos. Letras de diferente tamaño, puntos irregulares y/o ausencia de estos, así como de los demás signos.

COMPROMETIDO. Que se está en una situación difícil, apuro o riesgo. Que se está obligado en razón de la amistad, jerarquía, o simplemente por no quedar mal o por no saber decir que no.
Interpretación grafonómica. Los rasgos gráficos compondrán una escritura extendida, de trazado fluido, dinámico y seguro (regularidad en los trazos) con formas personalizadas; se pueden dar algunas variantes en la escritura como inclinación a la derecha o escritura vertical, así como dirección ascendente ligera, o bien, renglones horizontales, tanto en los renglones del texto como en el de la firma y siendo esta última semejante al texto en forma y tamaño. Rúbrica sencilla. Escritura angulosa, con presión uniforme, legible, espontánea, simplificada, limpia y con óvalos sencillos. Predominio de nexos en guirnalda. Márgenes ordenados, disposición cuidada y puntos en la letra "i" bien colocados.

COMUNICACIÓN. Acción y efecto de comunicar o comunicarse. Transmisión de señales, mediante un código común, del emisor al receptor (RAE, 2014).

    ---, **DIFICULTAD PARA LA.** Falta de capacidad para transmitir ideas o conceptos hacia otras personas.
Interpretación grafonómica. Enlaces angulosos, presión fuerte y si es acompañada de tristeza, la escritura será descendente en la base del renglón. Espacios amplios interliterales, intervocabulares e interlineales entre letras, palabras y renglones.

    ---, **FACILIDAD PARA LA.** Habilidad para transmitir efectivamente ideas o conceptos hacia los demás.
Interpretación grafonómica. Escritura en tamaño de normal a grande, original, simple, ligada o agrupada, habitualmente estética y cuyas mayúsculas suelen tener presencia de adornos e

irregularidades debido al ritmo y alta velocidad en la escritura. Presión tenue o débil, predominio de la zona superior de la escritura que es de gran tamaño. Forma curvilínea de los trazos, ondulaciones y presencia de nexos en espiral. Letras y demás signos gráficos sobrealzados. Poco espacio entre letras, palabras y renglones.

COMUNICACIÓN Y PERIODISMO, en. (Ver en habilidades y capacidades)

CONCENTRACIÓN. Acción y efecto de concentrar o concentrarse. Focalización de la atención reflexiva en un objeto para estudiarlo en todos sus detalles y valores. Facilidad para la fijación en un tema determinado (Alarcón, 2001).
Interpretación grafonómica. Puntos de la letra "i" y barras de la letra "t" bien colocados. Escritura pequeña, vertical, apretada con hampas y jambas cortas. Ausencia de adornos y puntuación próxima a las letras y palabras, con una distribución concentrada entre líneas.

CONCERTISTA, cantante, compositor, músico, director musical, director de orquesta, coros, para ser. (Ver en habilidades y capacidades)

CONDUCTA. Manera en que las personas se comportan en su vida. Conjunto de acciones con que un ser vivo responde a una situación. Toda actividad (subjetiva y objetiva) vinculada al comportamiento de un individuo (RAE, 2014).

---**AUTOAGRESIVA** (suicidas). Que constituye o implica una agresión de cualquier índole hacia sí mismo.
Interpretación grafonómica. Escritura descendente, con puntas o arpones a la izquierda, contenida, con tachaduras, óvalos pinchados y posible presencia de uña de gato. Tamaño de letra decreciente (gladiolada). Rúbrica con arpón hacia la izquierda y firma cruzada o tachada por la rúbrica.

CONFIABILIDAD. Cualidad de una persona para responder positiva y responsablemente en los encargos o tareas encomendadas, así como en su credibilidad.

Interpretación grafonómica. Tamaños de la letra normal a grande, predominio del ligado sobre el desligado, líneas rectas/horizontales/ascendentes en la base del renglón. Presión firme y nutrida. Óvalos sencillos. Márgenes ordenados apegados al modelo caligráfico. Regularidad, disposición cuidada, líneas horizontales, puntos en la letra "i" bien colocados.

CONFLICTIVO. Sujeto que no se siente cómodo con los patrones habituales de conducta y que por lo tanto actúa rompiéndolos; vivencia estas limitaciones como una forma de coartar su libertad de acción o expresión. Tiene tendencia a rebelarse ante todo aquello que signifique autoridad, norma o disciplina. Es una característica de los perfiles de los delincuentes, y de todo aquel que necesite ocultar sus intenciones y verdadera personalidad (Doyharzábal, 2017).

Interpretación grafonómica. Escritura angulosa, con presión fuerte, pastosidades, velocidad precipitada, óvalos abiertos en zona superior derecha y márgenes desordenados. Firma ilegible sin nombre ni apellidos, generalmente solo rúbrica complicada, y en algunos casos, se presentan tachaduras; con presión fuerte y con angulosidades, presencia de arpones hacia la derecha o izquierda, de rasgo de cola de escorpión, de cola de cochino, de dientes de tiburón.

---, PERSONA POCO. Que causa pocos problemas.

Interpretación grafonómica. Predominio de la curva sobre el ángulo con palotes curvos, barras de la letra "t" con las siguientes variaciones: cortas, anticipadas, bajas, delgadas, descendentes; pueden llegar a presentarse todas o solo alguna. Finales de palabra descendentes, renglón convexo, coligamento en guirnalda y bucles innecesarios.

CONFUSA, personalidad. Embrollo mental de la realidad y de las ideas. Incapacidad para poder ver la vida de una manera clara (Alarcón, 2001).

Interpretación grafonómica. Escritura desigual, ligada, poco clara, ilegible y con alta presencia de adornos innecesarios. Firma en la que se acumulan los trazos y se superponen unos y otros, poco clara, apenas legible, con rúbricas casi siempre tachando el nombre y con abundancia de adornos inútiles. Hampas de una línea que se unen con jambas de la anterior y enlaces frecuentes entre palabras.

Confusión de ideas. Dificultad y falta de claridad para ordenar ideas.
Interpretación grafonómica. Escritura mal hecha e irregular. La complicación consiste en añadir más elementos gráficos de los necesarios. Implica insinceridad y mente confusa.

Conservador. Dícese de una persona propensa a ser seguidor y respetuoso de las tradiciones o costumbres.
Interpretación grafonómica. Márgenes regulares, escritura bien hecha, colocación de signos y puntos correcta, tamaño de las letras de pequeño a normal, presión de media a firme, velocidad normal, inclinación vertical y dirección horizontal.

Considerado. Que tiene por costumbre obrar con meditación y reflexión, valorando la situación de los demás (RAE, 2014).
Interpretación grafonómica. Escritura vertical, trazos curvos o redondos, regularidad y proporción, predominio de la zona superior en el escrito, presión de media a firme, presencia de signos y puntos, trazos curvos y redondos, tamaño de pequeño a normal de las letras.

Constancia. Firmeza y perseverancia del ánimo en las resoluciones y en los propósitos (RAE, 2014).
Interpretación grafonómica. Proporción y regularidad en los trazos, escritura equilibrada y bien hecha, con orden en el texto. Letra "l", "s" y "r" regulares, escritura ligada, letras bien formadas y angulosas, líneas ascendentes, doble barra (que indica nobleza y constancia) y ganchos en la letra "t". Ejes de trazos derechos, significa rectitud y equilibrio. Se refleja en el escrito de coligamento agrupado o ligado. El detalle de las barras de la letra "t" hacia bajo fortalece la perseverancia.

Coqueteo. Comportamiento de una persona coqueta. Actitud insinuante de conquista o seducción.
Interpretación grafonómica. Pies de la letra "g" en forma de ocho o inflados, escritura de normal a grande, ligada, agitada y filiforme. Predominio de la zona inferior de la escritura. Mayúsculas ligeramente más grandes que las demás letras (minúsculas). Rúbrica adornada o ampulosa.

Cordialidad. Calidad personal de buen trato, amabilidad y buenos modales. (Ver cortesía para la interpretación grafonómica).

Cortesía. Demostración o acto con el que se manifiesta la atención, respeto o afecto que tiene alguien hacia otra persona (RAE, 2014).
Interpretación grafonómica. Una persona cortés presentará mucho orden en la hoja, mostrando una disposición muy cuidada, lo que implica un uso efectivo del espacio, con encabezados de márgenes amplios y cuidados. Su letra tenderá a ser grande, mostrando formas predominantemente curvas, con una inclinación preferentemente a la derecha y tendencia a la horizontalidad de las líneas en base del renglón.

---, **falta de.** Carencia de atención, respeto, educación o afecto hacia otra persona.
Interpretación grafonómica. Escritura artificial, presión fuerte, barroquismo, ausencia del sentido del orden (poco cuidada), inarmónica, monótona, presencia de mayúsculas grandes. Suciedad y empastamientos dentro de un escrito con tachaduras y/o manchones.

Creatividad. Cualidad propia de artistas y de mentes con imaginación. Capacidad de creación para aportar ideas y enfoques originales o diferentes a lo convencional, incluso con matices estéticos (Alarcón, 2001).
Interpretación grafonómica. La escritura asociada es también original, armónica, con gusto estético, simplificada, desligada, habitualmente

estética y en cuyas mayúsculas suelen tener presencia de adornos. Zona superior muy desarrollada, presión en relieve y con originalidad.

---, FALTA DE. Dificultad o negación para inventar o crear.
Interpretación grafonómica. Exageraciones en las letras mayúsculas en su tamaño y adornos, rúbrica compleja o complicada, puntos redondos de la letra "i" o "j", o existirán puntos de estas letras como si fueran aves dibujadas, escritura rebajada con hampas y jambas cortas, presión ligera, renglón horizontal o ligeramente descendente.

CREDULIDAD. Facilidad que tiene una persona para creer lo que otros le cuentan, incluso cayendo en la ingenuidad (RAE, 2005).
Interpretación grafonómica. Inclinación hacia la derecha en las letras, nexos en guirnalda, dirección ascendente, puntos de la letra "i" sobrealzados, presión fuerte y regular, trazos finales extensos.

CRITICÓN. Persona que lo juzga o lo censura todo, sin disculpar ni las faltas más leves, y que habla mal de los demás y de sus acciones (RAE, 2005).
Interpretación grafonómica. Estrechez y alta presión en la zona superior, óvalos cerrados en cruz por la parte superior. Rúbrica en forma de boca de lobo o de bolsa abierta hacia el lado derecho.

CRUELDAD. Alegrarse de los sufrimientos ajenos. Inclinación a atormentar, avasallar, herir, destruir o hacer mal por gozar con el daño de otro o por simple placer de venganza. Falta de humanidad y compasión ante el sufrimiento de una persona.
Interpretación grafonómica. Puntos de la letra "i" y barras de la letra "t" puntiagudas o afiladas, trazos finales también en punta, alta presión, presión pastosa y muy fuerte. En la escritura la crueldad se manifiesta poniendo cruces donde no debería haberlas. Predominio de angulosidad en la escritura.

CULTO. Dotado de las cualidades que provienen de la educación, estudio o instrucción. Persona que tiene conocimiento (RAE, 2014).

Interpretación grafonómica. La escritura asociada es ágil, con alto nivel de velocidad, simplificada, desigual y original. Se trata de una escritura que puede ser tipográfica, huye del barroquismo, así como de los adornos innecesarios y con enlaces desiguales. La firma es sobria, en el centro o hacia la derecha del texto a distancia media del mismo. La rúbrica es pequeña, o bien, inexistente. Proporción espacial, distancias adecuadas entre letras, líneas y párrafos, espontaneidad, claridad y estilo caligráfico.

CURIOSIDAD. Deseo por averiguar circunstancias, hechos u objetos que se consideran dignos de interés por ser llamativos, raros o poco conocidos (RAE, 2005).
Interpretación grafonómica. Ejes de la letra "t" convexos hacia la derecha, barras de esta misma letra y puntos de la letra "i" están sobrealzados.

---**INTELECTUAL.** Interés en saber más y en recabar información útil para su actividad.
Interpretación grafonómica. Escritura prolongada, espontánea, de muy pequeña a pequeña, decreciente, barras puntiagudas o afiladas ascendentes y margen derecho pequeño. Sobresalen las hampas; velocidad baja, presión de normal a firme.

CURIOSO. Con facilidad de observación y gusto por la investigación y la novedad.
Interpretación grafonómica. Escritura con dirección ligeramente ascendente, con escaso margen derecho y con el izquierdo amplio. La firma está situada en dirección ascendente y a la derecha de la página.

DEBILIDAD. Falta de vigor o fuerza física. Carencia de energía en las cualidades o resoluciones del ánimo (RAE, 2014).

Interpretación grafonómica. Escritura irregular en tamaño, presión débil, velocidad rápida; zona media del escrito con inclinación hacia la derecha.

>---MORAL. Carencia de valores y principios que comprometen la honestidad, la lealtad y el buen actuar.
>*Interpretación grafonómica.* Se reflejan disminuciones bruscas de tamaño en la escritura, ya que existen irregularidades en la dimensión de las letras, haciéndolas unas diferentes de las otras.

DECIDIDO. Que tiene carácter para afrontar y tomar decisiones. Determinación y resolución que se toma o se da a un asunto dudoso.
Interpretación grafonómica. Se refleja en la escritura rápida, lanzada, firme y dinámica. La barra o travesaño de la letra "t" aparece delante de la letra, pero sin llegar a separarse de ella.

DEDUCCIÓN. Acción y efecto de deducir. Capacidad asociativa del pensamiento en la cual unas ideas parten de otras. Facilidad para la emisión de conclusiones. Forma de razonamiento que consiste en partir de un principio general conocido para llegar a un principio particular desconocido (BioDic, s.f.).
Interpretación grafonómica. Escritura simplificada, rápida, enlazada, legible, ordenada y bien proporcionada.

DEFENSIVA, actitud. Estar en actitud de defenderse, sin pretender atacar. Actitud recelosa y desconfiada por temor a ser dañado (Larousse, 2016).
Interpretación grafonómica. Escritura con presión fuerte y ángulos (trazos rectos), a excepción de las torsiones que pueden presentarse en las letras, dichas torsiones se observan como irregularidades o luxaciones en el recorrido de una letra o parte de ella (es un trazo que debería ser recto, pero sufre inflexiones y por consiguiente se observa como torsión en la letra).

DÉFICIT DE ATENCIÓN. (Ver en desorden mental)

Delirio. (Ver en desorden mental)

Demencia. (Ver en desorden mental)

Dependencia. Subordinación consciente o inconsciente de una persona respecto a otra por motivos emocionales, materiales o económicos.
Interpretación grafonómica. Margen izquierdo amplio (texto hacia la derecha), letra inclinada, ligada, pequeña y rebajada.

Deportista. (Ver en habilidades y capacidades)

Depresión. (Ver en desorden mental)

Desaprovechar. Falta de interés por hacer uso de recursos, tiempo o conocimientos para la realización de tareas o actividades propias o ajenas.
Interpretación grafonómica. Blanco sobre negro (papel desocupado), formas inconcretas en las letras, demasiada separación entre línea y línea, escritura de tamaño grande a exagerada, finales largos, presencia de complicaciones y desorden en el texto.

Desconfiado. Duda sobre el valor, la intención y la acción de los demás o sobre la veracidad y autenticidad de las cosas (la persona permanece a la expectativa por temor a ser burlado, engañado o perjudicado). Duda de las afirmaciones, sinceridad y amistad de otros.
Interpretación grafonómica. Margen izquierdo pequeño o ausente (texto retraído a la izquierda); escritura rápida, desligada pastosa angulosa o semiangulosa, apretada y regresiva, perfiles presionados. Punto de la letra "i" a la izquierda (antepuesta), firma poco legible. Rúbrica cerrada que cubre el nombre, abuso de signos innecesarios, ejes hacia la izquierda, palotes rectos y paralelos o torsionados (trazos torcidos), óvalos cerrados a la izquierda o con doble cierre (los cierres es donde termina de dibujarse el óvalo y donde se termina el trazo y el doble cierre se dibuja con doble vuelta el óvalo como si fuera un anillo).

DESCONSIDERADO. Persona que no tiene consideración con los demás, que actúa sin respeto. Que tiene por costumbre no obrar con meditación ni reflexión.
Interpretación grafonómica. Escritura regresiva, letras invasoras y texto invadido. Las invasiones pueden detectarse en los choques entre pies y crestas (espacio interlineal reducido), en la firma que invade los textos y en las letras que invaden el terreno de otras.

DESCUIDADO. Falto de atención al cuidado que se debe de poner en las cosas. Contrario a detallista; persona que no pone el debido cuidado a los asuntos personales o laborales que por su naturaleza lo requieren.
Interpretación grafonómica. Ausencia de los puntos de la letra "i" (a veces también de las barras de la letra "t"); poca legibilidad en la escritura rápida y precipitada, presión débil, distribución irregular y desproporcionada en el texto.

---**EN LOS DETALLES.** Falto de atención en los detalles de los cuales se es responsable.
Interpretación grafonómica. Letras poco claras y equívocas; ausencia de partes importantes de las letras (sin otros signos de descuido).

DESHONESTO. Falto de honestidad, ética, rectitud y de honradez.
Interpretación grafonómica. Letra redondeada y grande; líneas de palabras finales que caen en el renglón con inclinación a la derecha; los números son más grandes que las letras; los óvalos de las letras "a" y "o" se hallan abiertos en la parte baja. Los números sinistrógiros (a la inversa de las manecillas del reloj) indican falsedad y el disimulo de las verdaderas intenciones en cuestiones de dinero.

DESLEALTAD. Falsedad, ocultación. Característica de un sujeto que falta a su compromiso moral o ético y traiciona la confianza en su beneficio o de otros.
Interpretación grafonómica. Escritura lenta, de aspecto artificial, letras con rasgos de dientes de tiburón (ver glosario), con formas

diferentes dentro del mismo escrito, números borrosos y mal formados; final del renglón caído hacia la derecha y firma ilegible con velocidad lenta. Pueden darse variantes de formas o tipos de óvalos dentro del texto: óvalos excesivamente curvos (como un canuto), óvalos abiertos y/o cerrados en zona inferior en el centro o abierto y/o cerrados a la izquierda, óvalos con bucle a la derecha, o bien, que este haga enlace con la letra siguiente y óvalos anillados o con más de una vuelta.

DESORDEN MENTAL o trastorno mental. Confusión motivada por defectos en los procesos psíquicos y mentales como la atención y la organización. También se refiere a una muy amplia gama de condiciones de salud mental, que van desde alteraciones que afectan el estado de ánimo y el pensamiento, hasta el comportamiento de una persona.

>   ---IMAGINATIVO (alucinaciones). Confusión de pensamientos propios sin base real.
>   *Interpretación grafonómica.* Tilde de las letras "t" desiguales, márgenes irregulares y abundancia de signos de admiración.
>   ---AGRAFIA. Incapacidad total o parcial para expresar las ideas por escrito a causa de lesión o desorden cerebral (RAE, 2014). Trastornos de los centros mnemónicos, con manifestación de amnesia (pérdida de la memoria para realizar los movimientos necesarios para escribir) por ejemplo: olvido de una letra ("ato" por auto"); sustitución ("bombo por rombo"); silábica ("hipotámo por hipotálamo").
>   *Interpretación grafonómica.* No es posible representar su grafonomía dada la variabilidad de la afección.
>   ---ALZHEIMER. Trastorno neurocognitivo. Trastorno neurológico progresivo caracterizado por la pérdida de la memoria, de la percepción y del sentido de la orientación que se produce generalmente en las personas de edad avanzada (RAE, 2014).
>   *Interpretación grafonómica.* Esta afección inicia de manera imperceptible para el paciente, incrementándose gradualmente hasta el grado de perder todas las funciones del ser humano. El

lapso de tiempo en el que esto se da varía de acuerdo a factores personales del paciente así como a su tratamiento y control, por ello la interpretación grafonómica podrá, en algunos casos, confundirse con algunas otras afecciones por lo que no se incluye.

---ANOREXIA. Trastorno de origen neurótico que se caracteriza por un rechazo sistemático de los alimentos y que se observa generalmente en personas jóvenes, esto con la finalidad de lograr un adelgazamiento extremo en su físico (Martínez, Ávila y Lozano, 2017) .

Interpretación grafonómica. En la firma hay predominio del apellido sobre el nombre, la escritura es de velocidad lenta, presión floja, débil, superficial, ligera, limpia, la continuidad es ligada, regular, monótona; tiene rasgos de uñas de gato son característicos de la autoagresión, autodestrucción o flagelación y de los desórdenes alimenticios; la grafía es clara, en cuanto a la forma es caligráfica, de imprenta, con arcos; dirección de líneas con tendencia a la horizontalidad, la inclinación puede ser recta o invertida.

---APRAXIA. Disminución de la capacidad de producir movimientos coordinados para un fin determinado (como escribir, vestirse, conducir o manipular objetos, entre otros).

Interpretación grafonómica. No es posible representar su grafonomía por las razones siguientes y que consideramos exponerlas para un mejor entendimiento: dada que esta afección se presenta de manera gradual, iniciando con signos casi imperceptibles e incrementándose hasta perder totalmente la capacidad motora de escribir, no es posible determinar en qué etapa del desorden se encuentra el individuo, por lo que, en este lapso, se puede confundir con otras afecciones; solo con la ayuda de otras disciplinas como la medicina o psicología podremos determinar su presencia en un sujeto.

---AUTISMO. Trastorno permanente y profundo del desarrollo que afecta la comunicación, imaginación, interacción, planificación y reciprocidad emocional. Se caracteriza por la intensa concentración de una persona en su propio mundo interior y la falta del contacto con la realidad exterior (Navarro y Martín,

2017).

Interpretación grafonómica. La escritura es de letras pequeñas, las palabras se distancian unas de otras y suelen ir en escalera, descendiendo y logrando al final controlarlo.

---BULIMIA. Trastorno de la alimentación de origen neurótico que se caracteriza por momentos recurrentes en los que se come compulsivamente, seguidos de otros de culpabilidad, malestar y remordimiento, que culminan con la provocación del vómito.

Interpretación grafonómica. Escritura de mediana a grande, concentrada, desproporcionada con predominio de zonas media e inferior, sucia; dirección de las líneas con tendencia descendente, inclinación progresiva o muy progresiva, continuidad desligada, la presión es pesada; margen superior pequeño o ausente y margen inferior pequeño; letra excesivamente redondeada, de imprenta, con guirnaldas anchas y rasgo de uñas de gato (ver glosario) en el interior de los óvalos; la firma está cerca del texto en el centro de la página.

---CATATÓNICO, estado. Este estado se caracteriza por la rigidez muscular e inmovilidad, la cual se conoce como catatonia. La catatonia no es una enfermedad como tal, sino un síndrome causado por múltiples factores, la cual se produce en pacientes con esquizofrenia y en psicosis maniaco depresivas (ver en concepto de desorden mental de esquizofrenia).

Interpretación grafonómica. (Ver en esquizofrenia, psicopatía, maniaco depresivo)

---CLEPTOMANÍA. Trastorno psíquico de la persona que roba objetos que no necesita, motivada por el placer de poseerlos y ocultarlos (Sarabia, 2013). Su característica esencial radica en la gran dificultad para controlar los impulsos de hurtar cualquier objeto.

Interpretación grafonómica. Rasgo envolvente en la zona de cierre; signos sinistrógiros en espiral; correcciones y retoque lento realizados como un dibujo señalan la mala conciencia, la insinceridad y la tendencia a engañar. Óvalos abiertos y/o cerrados en zona inferior central, o abiertos y/o cerrados a la izquierda.

---DÉFICIT DE ATENCIÓN. También conocido como Trastorno por Déficit de Atención, Hiperactividad o uno de los varios Trastornos del Aprendizaje. Es un trastorno neurobiológico que se manifiesta en la niñez como atención e impulsividad inadecuadas de carácter crónico, sintomáticamente evolutivo y de probable transmisión genética (Meca, 2012). Está caracterizado por la dificultad de mantener la atención voluntaria en actividades tanto académicas como cotidianas, además de la falta de control de impulsos (APSIS, 2018).

Interpretación grafonómica. Letras de tamaño irregular dentro del cuerpo de la escritura; presencia de espacios interliterales reducidos, espacios intervocabulares e interlineales amplios; letra "t" sin barra y en la letra "i" se denotan puntos irregulares o puntos altos, débilmente marcados. Escritura desorganizada, presión variable.

---DELIRIO. Acción y efecto de delirar. Confusión mental caracterizada por alucinaciones, reiteración de pensamientos absurdos e incoherentes (RAE, 2014).

Interpretación grafonómica. Escritura grande pero rápida, con rasgos hacia abajo, angulosa, con arpones y presión pastosa con puntuación alta; la letra "s" minúscula sobresaliente del resto, la letra "d" minúscula curvada hacia la derecha; márgenes irregulares, siendo el izquierdo sinuoso; hampas desproporcionalmente altas, a veces con punta en gancho y frecuencia alta de rasgos inútiles.

---DEMENCIA. Trastorno de la razón. Deterioro progresivo e irreversible de las facultades mentales que causa graves cambios en la conducta (RAE, 2014).

Interpretación grafonómica. Escritura tortuosa (no guarda los patrones gráficos en las letras), deforme, letras grandes y renglones que descienden.

---DEPRESIÓN. Trastorno psico-emocional que se caracteriza por la notoria pérdida de la felicidad sin causa aparente y la inmersión en un estado de abatimiento, preocupación, desgano. Disminución del placer o interés en cualquier actividad, aumento o disminución de peso/apetito, insomnio o hipersomnio, agitación o enlentecimiento psicomotor y fatiga o pérdida de energía. Sentimientos excesivos de inutilidad o culpa, problemas de concentración o toma de decisiones, ideas recurrentes de muerte o suicidio. Dependiendo de sus causas, en algunos casos puede ser crónica, y en otros, temporal (Ocampo, Sarabia y Silva, 2018).

Interpretación grafonómica. Trazos finales alargados en la zona inferior del escrito, con presión muy tenue y leve; escritura poco presionada y con tachaduras, dirección de la base del renglón descendente, inclinación variable, tamaño pequeño en las letras.

---DISGRAFIA. Incapacidad para escribir adecuadamente o correctamente; dificultad para poder escribir siguiendo el modelo caligráfico regular. Este impedimento ocurre no solo cuando se le dicta a la persona, sino también al hacerlo espontáneamente. Por lo general es resultado de una lesión cerebral.

Interpretación grafonómica. Se aprecian alteraciones en la presión, velocidad, dimensión (tamaño) y en la inclinación de la escritura con espacios entre letras, palabras y líneas; muy variados enlaces irregulares e ilegibilidad; deformidades de las letras.

---DISLEXIA. Dificultad en el aprendizaje de la lectura, la escritura o el cálculo, frecuentemente asociada con trastornos de la coordinación motora y la atención, pero no de la inteligencia. Incapacidad parcial o total para comprender lo que se lee, causada por una lesión cerebral (RAE, 2014). Cuando una persona sufre dislexia ve las letras o las palabras al revés o revueltas. No es que tenga un problema en la vista, el problema radica en la manera en que su mente interpreta lo que los ojos ven, como una ilusión óptica, excepto que este emparejamiento mal hecho entre ilusión y realidad sucede con la letra normal impresa en papel. La dislexia no es una enfermedad.

Interpretación grafonómica. Se aprecia al encontrar en la escritura constantes faltas de ortografía involuntarias, así como el cambio de una letra por otra o al invertir la forma de la letra dentro de una palabra.

---DOBLE PERSONALIDAD. Científicamente conocido como Trastorno Disociativo de la Identidad del YO, por el cual una persona posee dos personalidades distintas; es decir, tiene dos formas de ser, con sus respectivas estructuras, pautas de conducta, criterios y formas de reacción. Indica falta de concordancia entre el YO íntimo y el YO manifestado, por lo tanto, estamos ante dos comportamientos totalmente distintos.

Interpretación grafonómica. En muchas ocasiones se encuentran diferencias entre el texto y la firma, pero el especialista tendrá que valorar en cada caso el alcance negativo de las citadas diferencias. Óvalos cerrados con bucles (con doble vuelta, óvalos anillados). Variabilidad o irregularidad en los siguientes criterios gráficos: presión, tamaño, inclinación, velocidad. Coligamento filiforme o en serpentina o dirección en la base del renglón sinuosa o serpentina (puede darse cualquiera de estas variantes).

---ESQUIZOFRENIA. La esquizofrenia está definida como un trastorno que presenta una o más de las siguientes características y síntomas: desilusión, alucinaciones, desorganización mental (al hablar), comportamiento motor gravemente desorganizado o anormal (incluyendo catatonia), agresividad, impulsividad e intolerancia.

Interpretación grafonómica. Escritura grande, artificiosa y angulosa con presión fuerte; óvalos separados del palote, mayúsculas separadas de la letra siguiente, dirección en la base del renglón variable y palabras sin sentido dentro del texto; dominio muy evidente del blanco sobre el negro y gran separación entre letras y palabras que carecen de estética.

---ESTRÉS. Tensión provocada por situaciones agobiantes que originan reacciones psicosomáticas o trastornos psicológicos a veces graves, de poca o mayor duración (RAE, 2014).

Interpretación grafonómica. Debido a que cada persona maneja y asimila de diferente forma el estrés, no es fácil determinar características generales, pero las más comunes son las siguientes: no se respetan los márgenes (irregulares y poco cuidados); presencia de letra grande, escritura angulosa, sin adornos; temblores en la escritura y presión variable (espasmódica); vibraciones y velocidad rápida.

---HEBEFRENIA. Forma clínica de demencia precoz (esquizofrenia), propia de los jóvenes, que se caracteriza por depresión, ilusiones absurdas, pérdida gradual de las facultades mentales y relajación moral (Silva, 1995).
Interpretación grafonómica. En la escritura no existirán errores ortográficos, las palabras comienzan con una dimensión mayor y van disminuyendo (escritura decreciente o gladiolada); el sujeto puede llegar a realizar la escritura con una presión firme, pero posteriormente baja la intensidad de la tinta, haciéndose débil; las letras finales de cada palabra son más pequeñas en proporción que las iniciales.
---HIPOCONDRÍA. También conocida como Trastorno de Ansiedad por Enfermedad, es una afección caracterizada por una gran sensibilidad del sistema nervioso que preocupa y angustia al que la padece, incluso cuando no exista ninguna evidencia médica para respaldar la presencia de un padecimiento de salud (Brito, 2017).
Interpretación grafonómica. Escritura angulosa, márgenes irregulares sin estabilidad y poco cuidados (no guardan ni respetan márgenes), renglones en serpentina y letras de diferentes tamaños.
---MANÍA. Trastorno que se caracteriza por la presencia de una euforia exagerada y la obsesiva presencia de una idea fija y muy recurrente (RAE, 2019).
Interpretación grafonómica. Se ven extremosas y exageradas las cualidades relativas a: márgenes, dirección, orden, tamaño, coligamento, velocidad y presión; letra desordenada, o bien, muy ordenada, letras que van cambiando, por ejemplo, la "p" por el número "9"; punto en la "i" en forma de corazón.
---MANIACODEPRESIVO. Se caracteriza por una alternancia de fases de excitación maníaca y de depresión melancólica (Yataco, 2016).
Interpretación grafonómica. Torsiones exageradas en la escritura, presencia de temblores y líneas muy descendentes en el renglón, con reducción notoria en el tamaño (escritura decreciente o gladiolada). Empastados, remarques, tachaduras, escritura altamente desordenada, presión y velocidad variable; már-

genes descuidados.

---MEGALOMANÍA. Manía o delirio de grandeza, poder, riqueza u omnipotencia. A menudo el término se asocia a una obsesión exageradamente compulsiva por tener el control. Sobreestimación delirante de las propias capacidades físicas, sociales o intelectuales (Doron y Parot, 2017).

Interpretación grafonómica. Las mayúsculas están desproporcionadas (grandes o muy grandes); ampulosidades en hampas, jambas, o bien, en las mayúsculas; enlace de las letras en arcos; margen que choca, sube y baja. Escritura estirada sobre la línea (de grandes movimientos extendidos), con firma que ocupa gran parte del texto, de grande a muy grande, con rúbrica complicada, separada del mismo y muy marcada.

---MITOMANÍA, mitómano. Tendencia morbosa a alterar la realidad de lo que se dice, a mitificar o a admirar exageradamente a personas o cosas (RAE, 2014). Tendencia anormal a mentir y exagerar. Inclinación patológica a alterar la realidad de lo que se dice, modificando los hechos, incluso a veces de manera fantasiosa.

Interpretación grafonómica. Escritura muy adornada, sobre todo en las iniciales, los puntos de la letra "i" en ocasiones adoptan forma de círculo; tendencia a escribir con letra grande, y en caso de que haya renglones, no los tocan; finales por debajo de las letras contiguas; líneas sinuosas y tamaño variable en la escritura (dentro del escrito); firma ilegible y rúbrica muy garigoleada, letra "s" que cae del renglón, letra "p" como si fuera un 12 (el óvalo separado del palote), óvalos abiertos en la parte inferior.

---NARCISISMO. Trastorno de la personalidad que se caracteriza por excesiva complacencia en la consideración de las propias facultades u obras (RAE, 2014). Admiración excesiva y exagerada que siente una persona por sí misma, por su aspecto físico o por sus dotes o cualidades (BioDic, s.f.). La persona con este tipo de personalidad tiene una incontrolable necesidad de sentirse importante, superior, exitosa y admirada por el mundo. Actúa como si fuera única y merecedora de favores especiales.

Por lo general, a los narcisistas no les importan los sentimientos y/o resentimientos de las otras personas (García, 2012).

Interpretación grafonómica. Escritura grande, barroca (muy adornada), con bucles, lazos y espirales, de gran tamaño, con presión fuerte, con hampas y jambas adornadas, con mayúsculas grandes y sobrealzadas, con rasgos fijados desde zona inferior. Firma proporcionalmente mayor que el texto y con adornos excesivos, ilegibilidad por deformación de las letras y óvalos complicados.

---NEUROSIS. La neurosis puede definirse como la estrategia mental que desarrolla la persona que la padece para eludir lo inaceptable, como por ejemplo la decepción, frustración, o ira, pero principalmente lo que más intenta evitar es el sentimiento o sensación de angustia existencial o ansiedad (Bellorin, et al., 2018).

Interpretación grafonómica. Se presentan anomalías gráficas: las primeras líneas del escrito conservan la dirección horizontal que decaen progresivamente, lo cual demanda un gran esfuerzo del amanuense, decayendo notablemente en la zona inferior donde la línea se vuelve descendente, lo que implica un desorden general en el texto. Hay aumento en la dimensión de las letras y los espacios entre palabras, escritura angulosa, aumento de la dimensión de las letras; palabras y letras encimadas u omitidas y pastosidades en los trazos. Presencia de espacios interlineales (entre línea y línea), que grafológicamente hablando tendrán presencia de pasillos o chimeneas (ver en glosario). Existen también fantasmas en el margen derecho (ver en glosario), el cual grafológicamente se interpreta como márgenes derechos irregulares o en zig-zag, que se presentan en la parte inferior del escrito, así como se puede presentar un margen derecho amplio. Inclinación exageradamente hacia la derecha o tumbada, trazado filiforme o en hilo, velocidad precipitada o excesivamente pesada, cohesión completamente desligada o cohesión hiperligada, torsiones en los trazos, finales de palabra muy largos.

---NEUROSIS OBSESIVA. Es una alteración psíquica en la que el sujeto adquiere un estado mental de constante preocupación por pensamientos en los que no está interesado o por cosas que no son relevantes en su vida o actuar. De forma general se puede decir que las personas con neurosis obsesiva son individuos perfeccionistas y meticulosos que se ven dominados por sus pensamientos, los cuales le conducen a menudo a la realización de conductas reiteradas y repetitivas para evitar su malestar.

Interpretación grafonómica. Escritura de tamaño muy pequeña a pequeña, caligráfica, legible, apretada, clara, recta (vertical), ligada, monótona, pausada, sin fluidez; su velocidad es de media a lenta y ocasionalmente con rasgos iniciales separados como guiones; forma de las letras en arcos y/o angulosas, bien formadas, óvalos cerrados. Trazos con retoques, pastosos, bien apoyados, con presión fuerte; la dirección en la base del renglón será horizontal, con una cohesión desligada (yuxtapuesta) de las letras; los espacios entre letras, palabras y líneas son convencionales (normales entre sus espacios); el margen derecho es ancho o irregular con fantasmas en la parte inferior y/o con bolsas o cascadas (ver en glosario), el margen izquierdo será rígido o ausente. Barras de la letra "t" centradas y/o cortas y/o descendente, puntuación precisa, o bien, puntos y tildes inútiles y/o retoques, jambas cortas, óvalos enroscados y/o pinchados y partidos. Firma en la zona izquierda del escrito; con relación al texto será compacta, enmarcada y/o con letras que descienden con punto final.

---**NEURASTENIA.** Neurosis que se caracteriza por fuertes síntomas depresivos, tendencia a la tristeza y gran inestabilidad emotiva (Morales, 2017).

Interpretación grafonómica. Líneas y finales descendentes, torsiones, temblores, presión fuerte y escritura angulosa.

---**OBSESIVOCOMPULSIVO.** Trastorno de ansiedad, caracterizado por pensamientos intrusivos, recurrentes y persistentes, que producen inquietud, aprensión, temor o preocupación, y conductas repetitivas denominadas compulsiones, dirigidas a reducir la ansiedad asociada (UNAM, 2015).

Interpretación grafonómica. Retoques en letras y/o palabras; tachaduras o enmiendas en la escritura.

---OLIGOFRÉNICO (frenasténico). Sinónimo de retraso mental. Insuficiencia mental, que impide que la persona desarrolle un nivel intelectual, emocional y racional normales, de acuerdo a los parámetros científicamente aceptados para cada rango de edad, debido a una interrupción en el desarrollo psíquico desde el nacimiento o desde las primeras etapas de su vida. Las causas son principalmente genéticas (Bembibre, 2011).

Interpretación grafonómica. La escritura es variante en la base del renglón, puede ser: ascendente, descendente, sinuosa, en serpentina, convexa o curva. Escritura con grandes cantidades de soldaduras (rasgos que se enciman o se superponen), monótona, regular, presión de media a fuerte, velocidad de lenta a media.

---PARANOIA. Enfermedad mental que se identifica por la aparición de ideas fijas, obsesivas y absurdas, basadas en hechos infundados, sin pérdida de la conciencia ni alucinaciones (Pico, 2016).

Interpretación grafonómica. Los rasgos definitorios de esta enfermedad mental los encontramos en la parte superior de las letras, en las hampas con temblores, en la escritura de presión fuerte y el renglón en serpentina. La escritura es de grande a muy grande, sobre todo las mayúsculas, que pueden superar en tamaño al cuerpo central; el trazado suele ser sobrealzado. Son frecuentes los subrayados recurrentes en las palabras (clave del delirio), así como la repetición frecuente sin conexión de esas palabras. La desbordante emoción y necesidad de comunicación lleva al paranoide al impulso de escribir en cualquier papel aprovechando el mínimo espacio libre. También presenta mayúsculas muy grandes y sobrealzadas en la firma.

---PISCOPATÍA. Cualquier enfermedad mental, en especial la acompañada de defectos del carácter o la personalidad.

Interpretación grafonómica. Escritura desorganizada, mal hecha, temblores, torsiones, tamaños en las letras e inclinación con variabilidad, líneas en la base del renglón sinuosas y redacción vulgar dentro del contexto del escrito.

Desorganizado. Falto de cuidado, orden y secuencia en lo que realiza habitualmente o en el trabajo.
Interpretación grafonómica. Los espacios entre palabra y palabra (espacios intervocabulares) así como los márgenes, puntos y puntos y aparte son irregulares; presenta deformaciones en las letras con desequilibrio en las tres zonas (superior, media e inferior).

Despilfarro. Gasto innecesario de recursos de forma insensata y descontrolada. Implica gasto irresponsable o derroche. Dicho de una persona que gasta desordenadamente e imprudentemente sus bienes materiales.
Interpretación grafonómica. Letras muy espaciadas, escritura muy grande, margen izquierdo grande y ensanchándose, texto desordenado, velocidad precipitada, escritura inclinada, mayúsculas unidas a la siguiente letra.

Despistado. Desorientado, distraído, que no se da cuenta de lo que ocurre a su alrededor (RAE, 2014).
Interpretación grafonómica. El principal rasgo de la escritura asociada es la ausencia casi absoluta de signos de puntuación y tildes. Falta de puntos en la letra "i" o puntos irregulares, y en su posición, puntos y/o muy altos; márgenes irregulares y letra "t" sin barra o travesaño.

Destreza. Habilidad, arte o propiedad con que se hace algo (RAE, 2014).
Interpretación grafonómica. La destreza resalta en la zona inferior de la escritura con tendencia a la inclinación hacia la derecha. Escritura redonda, grande, tamaño excesivamente irregular y disminuciones bruscas del tamaño; los puntos de letra "i" omitidos y la letra "s" más grande que las otras letras.

Detallista. Que posee y da muestras de atención y cariño hacia sus amigos, parientes o conocidos, o bien, en las actividades que realiza como su trabajo o su actuar en general.
Interpretación grafonómica. Trazos curvos a redondos, buena eje-

cución en los trazos y separación en palabras y en líneas. Escritura con letras pequeñas a muy pequeñas, señales de orden dentro del texto, barra de la letra "t" y puntos de la letra "i" bien situados, renglón horizontal o ascendente.

DEVOCIÓN. Amor, veneración y fervor religioso (RAE, 2014).
Interpretación grafonómica. Dirección ascendente, barras de la letra "t" de forma exagerada hacia la derecha, escritura de tamaño pequeño.

DINÁMICO. Persona con capacidad notable por su energía y actividad (RAE, 2014).
Interpretación grafonómica. Óvalos angulosos, ritmo, dinamismo y agilidad en los trazos. Escritura normal, dirección con base del renglón horizontal, inclinación recta (vertical) o moderadamente inclinada hacia la derecha, presión de media a firme, velocidad de normal a rápida.

DINERO, gusto por el. Avidez por el dinero y los bienes materiales motivada por el narcisismo, el egocentrismo y el egoísmo.
Interpretación grafonómica. Escritura con inclinación hacia la izquierda, jambas demasiado largas y estrechas invadiendo al renglón siguiente. Espacio interlineal (entre línea y línea) reducido, puntos bajos en la letra "i", margen izquierdo ausente y/o margen izquierdo estrechándose.

DIPLOMÁTICO. Adecuadamente cortés. Comportamiento prudente, sagaz y disimulado.
Interpretación grafonómica. Escritura curva, en arcos, con bucles, lazada, vertical, rápida, con líneas sinuosas en base del renglón, letras desiguales, y enlaces en guirnalda.Óvalos cerrados, tilde de la letra "t" terminada en punta, ojales de letras minúsculas cerradas.

DISCIPLINADO. Persona que acata las reglas de comportamiento para mantener el orden y la subordinación entre los miembros de un cuerpo o una colectividad, en una profesión o en un determinado grupo (Quiñones, A.T., 2016).

Interpretación grafonómica. Disposición cuidada, líneas horizontales, puntos en la letra "i" bien colocados, óvalos regulares/iguales, márgenes ordenados apegados al modelo caligráfico con regularidad y/o margen inferior pequeño; escritura legible.

Discreción.
Cualidad de una persona que se caracteriza por su cuidado, prudencia y mesura para no comentar o comunicar algo que sabe o piensa de sí o de otros.
Interpretación grafonómica. Óvalos cerrados, letra "a" cerrada y con bucle final derecho; bucle cerrado en el número "9".

Discusión.
Contender y alegar razones contra el parecer de alguien (RAE, 2014).
Interpretación grafonómica. Escritura angulosa o semiangulosa, presión fuerte, puntos bien marcados con mezcla de mayúsculas y minúsculas.

Disgrafia.
(Ver en desorden mental)

Dislalia.
(Ver en desorden mental)

Dislexia.
(Ver en desorden mental)

Dispersión.
Tendencia a dividir percepciones o captación del análisis o de la atención, entre diversos objetos, planes o estímulos. Dificultad para captar las ideas. Mala concentración.
Interpretación grafonómica. Escritura muy espaciada y lenta, con omisión de palabras en algunas frases, muestra los trazos finales de las palabras inacabados. Omisión de letras y signos gráficos, tales como: signos de puntuación, tildes y barras de la letra "t"; la estructura y encuadre del escrito en papel es irregular y bastante desordenado.

Doble personalidad.
Trastorno Disociativo de la Identidad del yo. (Ver en desorden mental)

Docilidad.
Cualidad de dócil. Disposición a recibir con agrado,

sin rebelión y a veces con admiración, las órdenes, los consejos y las lecciones de otros.
Interpretación grafonómica. Escritura superficial o de presión débil, simplificada, de tamaño pequeño, con estrechez y regularidad.

DOLOR. Sensación molesta y desagradable que se siente en una parte del cuerpo a causa de una herida o una enfermedad. Sentimiento intenso de pena, tristeza o lástima producido por una contrariedad (RAE, 2005).
Interpretación grafonómica. Empastamientos y pausas dentro de la escritura, velocidad lenta, temblores, presión variable (espasmódica), con tendencia a una presión fuerte; tamaño irregular de las letras.

DON DE MANDO. Capacidad de imponer decisiones sobre quien debe obedecer. Implica siempre la existencia de una contraparte: nadie puede tener mando si no existe quien o quienes acepten las órdenes impartidas por quien manda.
Interpretación grafonómica. Escritura de trazos rectos (ángulos, semiángulos), organizada, de tamaño grande, presión firme, dirección en líneas horizontales o ascendentes, con firma simplificada y rúbrica sencilla. Barra de la letra "t" alta y sobrealzada; inclinación de la letra de 90 grados, primer arco de la letra "M", mayúsculas y la letra "r" altos; punto de la letra "i" firme y alto.

DOTES DE ARTES PLÁSTICAS. Capacidad y facilidad para el desarrollo y práctica de las artes del género plástico como la escultura, pintura, gravados.
Interpretación grafonómica. Presión fuerte, originalidad en las mayúsculas, regularidad y armonía en los trazos, letras de tamaño grande, punto de la letra "i" redondo o puntos originales, letra "d" minúscula en curva, predomina la curva en el texto y algunas minúsculas extrañas y originales; rúbrica garigoleada.

DOTES DE SENTIDO MUSICAL. Capacidad y facilidad para el desarrollo, entendimiento, práctica e interpretación de la música y sus modalidades.

Interpretación grafonómica. Habilidad escritural, presión fina y firme, ritmo y armonía en la escritura, con vibraciones y agitación en los trazos, puntos altos y predominio de la parte superior; escritura ágil con velocidad rápida, uniones anormales y altas, con inclinación vibrante y ligada; letra "d" con curva, principalmente en la minúscula y rúbrica en forma de clave de sol.

Dramaturgo, literato, crítico, para ser. (Ver habilidades y capacidades)

Drogodependencia. (Ver en enfermedad física)

Dudar. Tener el ánimo perplejo y suspenso entre resoluciones y juicios contradictorios, sin decidirse por unos o por otros. Desconfiar, sospechar de alguien o algo (RAE, 2014). Hacer dudar: señala la insinceridad, la tendencia a rodear las cosas con un halo de misterio, la necesidad de intrigar o de hacer dudar, la falta de sentido moral que conduce a una persona a huir de las responsabilidades (Gómez, 2014).
Interpretación grafonómica. Escritura ilegible, variable (vacilante). Hay falta de estabilidad en el trazado, se detectan reenganches, interrupciones e inseguridades (variaciones en la habilidad escritural).

--,**persona que pone a prueba a los demás al.** Vacilación o falta de determinación ante varias posibilidades de elección donde pone a prueba a los demás.
Interpretación grafonómica. Escritura grande, presión fuerte, angulosa, presión en los perfiles (ver en glosario) y en los trazos horizontales, rizos entre palabras, óvalos inflados, mayúsculas grandes, dirección ascendente. Trazos finales acerados y puntos de la letra "i" y "j" en ángulo o líneas horizontales.

Dureza. Cualidad de duro. Actitud severa, rigorista y áspera del sujeto en el trato con los demás.
Interpretación grafonómica. Escritura angulosa y afilada, presión de mediana a fuerte y letras rígidas.

E

Egocentrismo. Exagerada exaltación de la propia personalidad, hasta considerarla como centro de la atención y actividad (RAE, 2014). Perteneciente a un aislamiento del mundo externo con concentración en el YO interno.
Interpretación grafonómica. Escritura grande, curva, con predominio en cuerpo medio, ornamentada y complicada; iniciales de frases aisladas y partes de la misma subrayadas; tendencia al enroscamiento de los óvalos. Regresiones innecesarias, mayúsculas de gran tamaño, desequilibrio en la presión, distribución pobre y bajo nivel morfológico. Estrechamiento de letras con tendencia a dirigir las extremidades inferiores prolongadas inútilmente hacia abajo y a la izquierda.

Egoísmo. Inmoderado y excesivo amor a sí mismo, que hace atender desmedidamente al propio interés, sin cuidar el de los demás (RAE, 2014). El sujeto subordina el interés de los demás al suyo propio. Acciones basadas en la obtención de provecho personal. El egoísmo unido a gran sensibilidad da como resultado los celos. Si el egoísmo está unido al complejo de inferioridad se traduce en envidia (Alarcón, 2001).
Interpretación grafonómica. Escritura condensada, contenida, invertida (regresiva), con óvalos dobles, ganchos y espirales; ornamentación, barroquismo, trazos circulares enroscados sobre sí mismos; mayúsculas de gran tamaño y desligadas, complicaciones en trazos y texto, escritura pequeña, condensada, con guirnaldas, rasgos abajo y a la izquierda, condensación en el texto, estrechez, concentración entre líneas, margen izquierdo pequeño y estrechándose. Margen izquierdo ausente y/o margen izquierdo estrechándose; punto de la letra "i" bajo. Espacios interlineales (entre línea y línea) reducidos y presencia de ganchos iniciales dentro de la escritura, así como ganchos convergentes.

Emotivo. Perteneciente o relativo a la emoción. Persona que percibe las emociones en un sentido amplio y con espontaneidad.
Interpretación grafonómica. Escritura espaciada, aireada, tipográfica, curva en la base, de inclinación dextrógira (hacia la derecha) y espontánea, de mediana a grande, con letras redondas, dirección de la base del renglón ascendente u horizontal clara, legible, escasa unión entre letras de una misma palabra, frecuentemente ligadas solo por sílabas. Trazos claros, ausencia de rasgos convergentes, firma y rúbrica sencillas; óvalos abiertos por arriba, ausencia de ganchos convergentes; margen izquierdo ampuloso con tendencia al ensanchamiento.

Empatía. Identificación mental y afectiva de un sujeto con el estado de ánimo de otro (RAE, 2014). Cualidad de la persona que escucha, comprende, interpreta, valora y responde adecuadamente a los demás, tomando en cuenta sentimientos, intereses y peculiaridades.
Interpretación grafonómica. Escritura ligeramente inclinada a la derecha y extendida, normal, clara, legible, decreciente o gladiolada, vibrante, simplificada, dinámica; con enlaces curvos, barras agudas y rectas.

Emprendedor. Persona que posee decisión, voluntad e iniciativa para realizar acciones que son difíciles o entrañan algún riesgo (RAE, 2014).
Interpretación grafonómica. Escritura profunda o de presión fuerte con dirección de líneas ascendentes, inclinada, progresiva, rápida, ligada y proyectada hacia la derecha.

Energía, enérgico. Eficacia, poder, virtud para obrar. La energía es el grado de fuerza y movimiento que el individuo pone de relieve en su manera de sentir, de pensar, de querer y actuar (RAE, 2014).
Interpretación grafonómica. Presión fuerte y firme, verticalidad y rectitud en la escritura. Las diferentes formas en que se evidencie la presión en el escrito serán indicadoras de diferentes energías desplazadas o aumentadas del impulso.

---ARMÓNICA. La energía armónica es ejemplo claro de coherencia, constancia, equilibrio y madurez.

Interpretación grafonómica. Escritura uniforme, organizada, vibrante, presión regular, equilibrada (proporción entre jambas, hampas, así como cuerpo central y mayúsculas). Trazado uniforme (no monótono), rúbrica y firma sencilla; buena distribución en el texto del escrito.

---CENTRÍFUGA. Las personas con este tipo de energía son extrovertidas, flexibles, sociables, con adaptabilidad, comunicativas e interesadas por el mundo circundante. Cuando el impulso psíquico y también el gráfico se proyectan hacia el exterior, también son colaboradoras y muestran sus sentimientos.

Interpretación grafonómica. Escritura dinámica, extendida, progresiva, ligada/agrupada, óvalos sencillos (algunos abiertos) y puntuación adelantada (punto alejado). En un ambiente gráfico positivo, muestra en la persona la decisión, actividad, generosidad, entusiasmo y a la afectividad expresada. En un ambiente gráfico negativo, se interpreta como impaciencia, superficialidad e indiscreción.

---CENTRÍPETA. Son personas que proyectan hacia sí y por sí mismos la energía. Tienen el riesgo de ser aislados, así como de presentar desinterés social, individualismo y egoísmo; incluso adoptando conductas pasivas.

Interpretación grafonómica. Trazos que van para afuera; escritura pequeña, apretada, regresiva, desligada, controlada de presión ligera.

---DÉBIL. El cúmulo de energía presenta poco vigor y escasa resistencia. Las personas que presentan este tipo de energía no pueden enfrentarse a situaciones de fuerte presión ni problemáticas. Son dependientes, inestables vulnerables y sugestionables.

Interpretación grafonómica. Renglones ondulados (en serpentina o sinuosa) y descendentes/caídos; escritura con reenganches y fraccionamientos, de presión débil y desnutrida (porosidades en el trazo), tamaño pequeño con curva blanda (trazado sin contundencia ni consistencia).

---ELÉCTRICA. Energía muy fuerte. Personas que son resistentes en cuestiones físicas, persistentes, francas, determinantes, tra-

bajadoras, disciplinadas, voluntariosas, organizadas y regularmente cumplen lo que prometen.
Interpretación grafonómica. Renglones rígidos (muy poco flexibles), arpones, velocidad mesurada, rúbrica y escritura angulosa con trazos muy contundentes, aumento brusco de tamaño, cambios repentinos de dirección (también dentro de la firma o rúbrica).
---ESTANCADA. Los individuos con esta clase de energía son indecisos ante la elección de opciones, ya que detienen de forma brusca sus tendencias e impulsos naturales por traumas o situaciones pasadas.
Interpretación grafonómica. Escritura tortuosa (irregular), con detenimientos bruscos, interrupciones y estancamientos (detenimientos a la hora de escribir), angulosa, invertida, fraccionada (escritura fragmentada), rellena, muy tipográfica, ángulos en hampas y jambas; margen izquierdo ausente o pequeño.
---FLUIDA. Esta mantiene el impulso vital de forma continuada, evita detenciones o paradas repentinas. Los individuos con este tipo de energía maximizan y aprovechan muy bien sus capacidades. La energía fluida constituye una garantía para la salud psicofísica. Las personas con esta clase de energía se caracterizan por ser oportunas, positivas, eficaces y realistas.
Interpretación grafonómica. Escritura espontánea, trazos curvos o redondos, velocidad rápida y ágil, ligada/agrupada, simplificada, presión firme y continua, ausencia de ángulos en hampas y jambas.
---FUERTE. Este tipo de energía favorece un buen rendimiento y constituye el ingrediente principal para ejercer el liderazgo, o bien, para afrontar funciones de gran responsabilidad. Si la energía psicofísica es constante, el sujeto tendrá gran tenacidad y facilidad para realizar proyectos. Gozará de gran habilidad para afrontar positivamente presiones que pueden aparecer, así como superar obstáculos.
Interpretación grafonómica. Escritura de tamaño normal a grande con predominio del ligado sobre el desligado, de presión nutrida y firme; inclinación de las letras rectas, dirección

en la base del renglón horizontal/ascendente.

---HELODIA. Llamada la energía de la vida y del amor. Propia de personas generosas, altruistas, con ideas utópicas y espirituales. Este tipo de personas convierten los ambientes hostiles en ambientes relajados; son felices, tranquilas, complacientes, sencillas, idealistas, optimistas, agradables, protagonistas, acogedoras y se nota mucho su ausencia cuando no están. Tranquilizan con su presencia, son tolerantes, pacientes y comprensivas con los demás.

Interpretación grafonómica. Escritura armónica, curva, clara, legible, sencilla, vibrante, inclinada a la derecha, agrupada/ligada; rasgos finales de ala de gallina en letra "r" o "v", cubriendo a otras letras también visibles en rúbricas.

---INARMÓNICA O IRREGULAR. El impulso de esta energía es variable, por ello se le llama irregular, ya que tiene ritmos diferentes de velocidad en la escritura determinados por el estado anímico y por una actitud cambiante.

Interpretación grafonómica. Escritura desorganizada, oscilante, desequilibrada, presión espasmódica, trazo irregular en las letras y/o formas, rúbrica y firma complicada.

---MAGNÉTICA. Energía que tiene la persona con don de mando, que es capaz de convencer a los demás, de lo que desea y piensa. Son líderes natos, seguros de sí mismos, decididos, dominantes, activos, influyen en los demás, entusiastas y con facilidad de palabra.

Interpretación grafonómica. Escritura ligada, organizada, de tamaño grande, velocidad rápida, inclinación en las letras vertical o inclinada hacia la derecha, personalizada (original, no sigue un modelo caligráfico y genera un propio estilo de letra), dirección en la base del renglón ascendente; trazos sobrealzados, ligados, altos, firma igual o mayor que el texto, rúbrica sencilla o ausente.

---NELODIA. Es una energía que parece como el recipiente de donde se deposita todo lo malo y negativo de la persona. Se acompaña de patologías psicológicas, carácter negativo, (como por ejemplo dictadores y personas déspotas). Este tipo de energía cambia a la energía oda/medioma (las personas que la tienen son embaucadoras/manipuladoras, saben cuál es el punto débil de los demás para aprovecharse de la situación). Tienen también mutaciones de la escritura eléctrica (son personas tiranas/agresores) y mutaciones de la energía helioda (personas masoquistas, victimitas y con sadismo). No existen perfiles profesionales, pero sí tenemos grandes ejemplos de personajes como Carlos Salinas de Gortari, Hitler, Mussolini, entre otros que han existido en las últimas décadas.

Interpretación grafonómica. Escritura sucia, invasora (choques interlineales entre jambas y hampas), complicada; enlaces y bases angulosos, trazos puntiagudos (angulosos o muy angulosos), afilados, o bien en maza, regresivos, encubiertos, presión fuerte; óvalos rellenos, pinchados; presencia de rasgo cola de escorpión, diente de jabalí y garra de gato. Firma tachada, ilegible y rúbrica elaborada o complicada.

---ODA/MEDIOMA. Las personas que tiene esta energía son empáticas, ocurrentes, con gran sentido del humor, perspicaces, intuitivas, creativas, con facilidad para entender el entorno o medio ambiente.

Interpretación grafonómica. Escritura gladiolada, simplificada, de velocidad rápida/precipitada, desligada/escasas agrupaciones, texto con pasillos o chimeneas, renglones flexibles; tamaño irregular en las letras (desiguales en su dimensión), inclinación vibrante/oscilante (inclinación desigual), margen derecho irregular, puntos de la letra "i" ligeramente marcados, letras danzantes (las letras van desligadas, parece que bailan dentro de la palabra).

ENFERMEDAD FÍSICA.
Falta de salud o alteración leve o grave. Afectación patológica del cuerpo, que presenta un grupo de signos, síntomas clínicos con datos de laboratorio particulares y que establece el trastorno como una entidad anormal diferente de otros estados corporales normales o patológicos. La presencia o aparición de alguna enfermedad en el individuo, traerá como consecuencia la alteración en la armonía del funcionamiento el cuerpo humano

y dependiendo de la enfermedad y de su avance, presentará, en la gran mayoría de los casos, manifestaciones detectables en la escritura del sujeto.

Interpretación grafonómica. Como cada enfermedad presenta particularidades en su naturaleza y en sus grados, grafológicamente estas alteraciones se presentan primordialmente en la variación de los criterios gráficos de la escritura como la velocidad, presión, continuidad/cohesión, orden, tamaño, forma/coligamento, dirección, e inclinación.

---ALCOHOLISMO. Abuso habitual y compulsivo de bebidas alcohólicas. Enfermedad ocasionada por el consumo descontrolado de bebidas embriagantes. Este padecimiento puede ser agudo y crónico, produciendo graves trastornos de índole física, emocional y psicológica.

Interpretación grafonómica. Escritura en forma de rosario, las letras presentan pequeñas borlas en el trazado producto de las alteraciones motoras (se suele confundir con la artritis reumatoide). Temblores en el trazado, sobre todo en los rasgos verticales, letras incompletas, cohesión rota o extrañamente separada entre letras; tamaño de la escritura de normal a grande, creciente; trazos brisados, granulados con fluctuaciones y empastamientos de tinta; cuando las dosis ingeridas son bajas se producen letras con dimensiones más grandes que lo habitual; cuando son más elevadas, hay dificultad en el desplazamiento psicomotriz.

---CARDÍACA, afección. Las arterias coronarias se encuentran afectadas y no cumplen su función regularmente, el flujo de sangre puede disminuir o anularse totalmente. Afecta a los hombres entre los 40 y 45 años y a mujeres después de los 55 años.

Interpretación grafonómica. La onda gráfica presenta cortes que no conservan la dirección normal que generan segmentaciones y cambios de dirección dentro de las palabras (serpentinas); letras con variación en la presión, temblores, empastadas con abundante descarga de tinta, torsiones y estrangulamientos, brisados, soldaduras; variantes en los óvalos como: óvalos aplastados, deformados, apretados, cegados con puntas en su interior; crestas (hampas) en forma de flama, puntos y acentos bajos.

---**COLUMNA VERTEBRAL**, afección. Es una estructura que se extiende desde el cráneo hasta la pelvis y al ser el eje distribuidor de las terminales nerviosas, si se encuentra afectada con algún daño o enfermedad, podrá verse reflejado en la escritura.

Interpretación grafonómica. Trazos magistrales (perfil) superiores, preferentemente en la letra "l" minúscula, que presenta vibraciones como tembelequeos, detenimientos o remarcados.

---**CÁNCER**. El cáncer es un proceso de crecimiento y diseminación incontrolados de células. Puede aparecer prácticamente en cualquier lugar del cuerpo.

Interpretación grafonómica. Presión ligera, trazo cortado y visiblemente desigual. Cuando el cáncer está con cierto grado de avance, el trazo continúa deteriorándose, la escritura será por lo tanto irregular, floja, la presión débil, con finales muy delgados, como si se tratara de una hebra de lana estirada y a punto de cortarse; en la mayoría de las escrituras de pacientes cancerosos se manifiestan estriaciones (líneas blancas por la falta de impregnación de tinta que solo se pueden observar mediante un microscopio especial para observar los trazos) que se descubrirán por temblores de características muy especiales en cuanto a la oscilación, profundidad y duración. La velocidad escritural es discontinua, la dirección no conserva la horizontalidad, sino que podrá ascender o descender de manera abrupta. Los trazos se interrumpen, se notan profundas amplitudes y frecuentes segmentaciones; la dimensión se acorta y se vuelve regresiva. Escritura de trazos filiformes, rígidos y palabras con desproporciones en sus dimensiones morfológicas; signos temblorosos (titubeantes), sucios, a veces empastados. Se presentan abolladuras y deshilachamientos, asincrónicas atrofias e hipertrofias de la onda gráfica. La persona muestra en sus trazos un envejecimiento gráfico, tales como trazos carcomidos o dentados (como serrucho), descargas de tinta, irregularidad en la presión, mayor intensidad vertical, rigidez con presiones diferentes, mayor intensidad en las zonas bajas de los rasgos gráficos. Cuando el cáncer se ha desarrollado plenamente puede notarse una desintegración general, envejecimiento y granulaciones.

---DROGODEPENDENCIA. Hábito compulsivo de consumir drogas o sustancias tóxicas que modifican el funcionamiento del cerebro y de las que no se pueden prescindir o resulta muy difícil hacerlo por haber desarrollado una dependencia psicológica o incluso fisiológica (RECAL, 2018). Las intoxicaciones producen desórdenes diversos de acuerdo con las características de la droga consumida, la cantidad que se consume, o bien, si se mezcla con alcohol u otra bebida.

Interpretación grafonómica. En la escritura se observan oscilaciones variadas, brisados, cambios de dirección, empastamientos, óvalos aplastados o deformes, los cierres no mantienen la armonía y no llegan a realizarse, cementación o endurecimiento gráfico con estereotipia (repetición continua de los mismos gestos), fluctuaciones y cambios en el desplazamiento, presión variable, movimientos espasmódicos, espaciamientos notables entre palabras y renglón; caída de la escritura en forma escalonada, gladiolada y filiforme a la vez; las mayúsculas son demasiado grandes, las letras ascienden y descienden alternativa y cíclicamente. Con sedantes o tranquilizantes, la escritura deja de ser tensa para ser espontánea, el escritor pierde la capacidad intelectiva y el sentido de orientación espacial.

---EPILEPSIA. Enfermedad caracterizada principalmente por accesos repentinos, con pérdida brusca del conocimiento y convulsiones (RAE, 2014). Trastorno paroxístico, manifestando una alteración del ritmo cerebral, o bien, caracterizado por ataques breves, súbitos, de alteración del conocimiento, de la actividad motora y de fenómenos sensoriales.

Interpretación grafonómica. Dureza o rigidez gráfica. Hay discontinuidad en la transmisión del gesto gráfico, existen deformaciones en los óvalos, en la escritura se presentan angulosidades o aplanamientos, hay abundancia de soldaduras y frecuentes interrupciones en el trazado gráfico.

---ESCLEROSIS. Endurecimiento de un órgano o tejido debido al crecimiento excesivo de tejido fibroso.

Interpretación grafonómica. Dependiendo del desarrollo de la enfermedad se dan distintos niveles de perturbación grafomotriz. En los escritos podemos encontrar al comienzo del padecimiento que no se pueden realizar los desplazamientos de la onda gráfica, por lo que resulta difícil hallar las interrupciones que se producen como consecuencia de la enfermedad. En fase avanzada, los signos de interrupción nerviosa se evidencian a pesar del esfuerzo del sujeto para realizarlo correctamente. En la escritura se observará mayor presión en los trazos para dominar los impulsos musculares, al no lograrlo se obtiene un grafismo garabateado con evidencia de incoordinación motriz.

---HIPOACUSIA. Enfermedad auditiva. Es la incapacidad total o parcial para escuchar sonidos en uno o ambos oídos.

Interpretación grafonómica. Falta de organización de las palabras (espacios en blanco), ondulaciones en la base del renglón (dirección sinuosa o serpentina), enlaces dificultosos. En el trazo de la letra "e", la interrupción de la letra indica un corte en la comunicación. De acuerdo con el grado de hipoacusia serán los trastornos que presente: margen escaso, borrones en las letras, dirección descendente, enmendaduras, fuerte presión, desigualdad de la dimensión, remarcados en la escritura, puntos innecesarios y faltas de ortografía.

---HIPERTIROIDISMO. Enfermedad que se caracteriza por el aumento de la actividad funcional de la glándula tiroides y el exceso de secreción de hormonas tiroideas (Morales, 2017).

Interpretación grafonómica. La forma, dirección y dimensión escritural son inarmónicas; la escritura está afectada por sacudida y desigualdades gráficas. El estado de la excitabilidad o de euforia de la persona se manifiesta en todas las palabras.

---HIPOTIROIDISMO. Disminución anormal de la actividad secretora de la glándula tiroides (Larousse, 2019).

Interpretación grafonómica. La escritura se observará temblorosa, variable (desigualdades en tamaño y presión), cortada, sinistrógira; óvalos aplanados con brisados y abundantes descargas de tinta; la presión es anormal, los bucles se ahogan apretándose y finalizando en puntas agudas que denotan la falta de aire; las crestas y los ejes presentan torsiones.

---PÁRKINSON. Afección nerviosa crónica caracterizada por un temblor fino, de diseminación lenta, debilidad y rigidez muscular y una marcha peculiar; sinónimo: parálisis agitante.

Interpretación grafonómica. En el comienzo de la enfermedad de Parkinson la grafía se ve reducida en dimensión y velocidad, habitualmente con un temblor casi imperceptible y a medida que la enfermedad avanza se evidencia fácilmente la falta de coordinación motora. La presión aumenta paulatinamente haciendo notorias marcas sobre el papel, dejando al escribir una gran huella en el reverso de la hoja, esto también se produce porque la velocidad o nivel de rapidez de la escritura es menor y justamente hay mucha presión y la velocidad es lenta. Otro indicador es la disminución del tamaño sobre todo si el nivel de temblor es intenso; se suma también la pastosidad o falta de limpieza de los contornos de los trazos que dan la impresión de un trazo poco claro, sucio; es decir, poco nítido.

---SÍNDROME DE INMUNODEFICIENCIA ADQUIRIDA (SIDA). Es un padecimiento del sistema inmunológico, que destruye una clase de células de defensa del cuerpo llamados linfocitos. Por ello, al quedar el organismo sin defensas, la probabilidad de contraer una o distintas enfermedades es muy alta y por con secuencia, los síntomas podrán ser variados y combinados, si se adquieren varias enfermedades a la vez.

Interpretación grafonómica. La escritura se aleja de la zona consciente (margen superior amplio), se perciben alteraciones en la presión grafoescritural, especialmente en las zonas correspondientes al cráneo (zona superior de la escritura) y en la confección de los ejes, con angulosidades similares a la forma de las llamas o flamas, pero más agudas. La zona superior del palo vertical de la letra "d" con estas características (puntas agudas) puede señalar la posibilidad de problemas neurológicos. Se visualiza pérdida de masa gráfica (presión y tamaño de la escritura), dejando un espacio en blanco como si se hubiera quitado una parte del rasgo gráfico. En la escritura se manifestará en forma de roturas de la onda gráfica, similares a pequeñas explosiones; pérdida del trazo o parte de este, deshilvanaciones, filamentos que escapan con tinta, que se esparcen como si volaran impulsados por el viento. Otros elementos extraños son los serruchos, que son cortes interiores en los bordes de los círculos o bucles. El agravamiento de la enfermedad producirá una mayor alteración en el grafismo del enfermo.

---ÚLCERA. Es una afección bastante frecuente producida por un proceso necrótico, de poca o nula tendencia a la cicatrización, generalmente producida en el sistema gástrico. Las causas de su origen pueden ser varias: afecciones vasculares o infecciones.
Interpretación grafonómica. Escritura en alfiler, las jambas o ejes convexos hacia la derecha y en general alteraciones en los mismos; torsiones y brisados. Letras cubiertas de tinta.

ENFERMEDAD MENTAL. (Ver desorden mental). Alteración de tipo emocional, cognitivo y/o de comportamiento, en que se afectan los procesos psicológicos básicos como son la emoción, motivación, cognición, conciencia, conducta, percepción, sensación, aprendizaje, el lenguaje y la sana sociabilidad e interacción con el entorno.

ENGAÑO. Falta de verdad en lo que se dice o bien hacer creer algo con actitudes u otras técnicas sin involucrar el lenguaje hablado.
Interpretación grafonómica. Irregularidad, inconstancia, poca claridad y equívocos en la forma de las letras, la dirección y la inclinación; letra "d" y letra "o" abiertas en la base; números borrosos, malformados en una escritura de aspecto artificial, ilegibles y poco claros.

ENTUSIASMO. Exaltación y fogosidad del ánimo, excitado por algo que lo admire o cautive. Adhesión fervorosa que mueve a favorecer una causa o empeño (RAE, 2014).
Interpretación grafonómica. Dirección ascendente en líneas y párrafos, presión y velocidad alta; finales de palabras lanzados hacia

arriba, escritura superficial o de presión débil, velocidad rápida y presión de firme a fuerte; barras de la letra "t" sobrealzadas.

ENVIDIA. Sentimiento de tristeza o enojo que experimenta la persona que no tiene o desearía tener para sí misma algo que otra posee o le pertenece (Mendieta, 2017).
Interpretación grafonómica. Escritura curva, ganchos dentro de los trazos, espacios interlineales (entre línea y línea) reducidos; margen izquierdo ausente y/o margen izquierdo estrechándose; puntos de la letra "i" bajos; en el arco o monte de en medio más alto y estrecho que los laterales en la letra "M".

EPILEPSIA. (Ver en enfermedad física)

EQUILIBRADO. Ecuánime, sensato, prudente. Estabilidad, firmeza y seguridad (ecuanimidad, armonía de carácter) producida por una combinación de aspectos afectivos y de aptitudes intelectuales que al trabajar juntas se hacen mutuamente valer, potencializando unas a las otras.
Interpretación grafonómica. Escritura vertical, bien hecha, organizada, proporcionada, sencilla, progresiva, natural, con originalidad, buena distribución, con regularidad espontánea; firma simplificada y rúbrica sencilla.

EROTISMO. Pasión aplicada al amor y al deseo de tipo sensual (Montero, 2018).
Interpretación grafonómica. Forma de la escritura redondeada y/o en guirnalda y letras "g" con jambas largas e infladas (anchas).

ESCLEROSIS. (Ver en enfermedad física)

ESPIRITUALIDAD. Conjunto de los principios y actitudes que configuran la vida de una persona hacia los pensamientos, los sentimientos y las cuestiones religiosas y el desinterés por las cosas materiales.
Interpretación grafonómica. Predominio de la zona superior de la

escritura, esta es sencilla, ascendente, vertical o progresiva, con hampas en letras destacadas hacia la zona superior, margen inferior grande, presión normal, velocidad de media a rápida; firmas y rúbricas ascendentes, sencillas, de mayor tamaño y carga en la zona superior.

Espontaneidad. Propia de un impulso que se produce aparentemente sin causa. Impulso que lleva a expresar las emociones o sentimientos que se experimentan (Velozo, 2012).
Interpretación grafonómica. Escritura curva, redonda o en guirnalda, simplificada, progresiva, tipográfica, presión débil, velocidad rápida (habilidad escritural), clara y legible (se observan letras diferentes al modelo caligráfico, son únicas, distintas, exclusivas de su autor).

---, **ausencia de.** Carencia de emotividad o expresión natural e instantánea.
Interpretación grafonómica. Escritura cuadrada (son formados por trazos rectos), presión de media a fuerte y velocidad lenta.

Esquizofrenia. (Ver en desorden mental)

Estabilidad emocional. Autocontrol emocional y de comportamiento frente a cambios y presiones ambientales y personales.
Interpretación grafonómica. En el texto se observa regularidad, escritura rítmica (armónica) con sencillez en las letras, organizada, clara, legible, horizontal, semejante al texto (concordante tanto en formas como en tamaño); márgenes regulares y rectos, sin pastosidades; la inclinación de las letras será recta (vertical) y guardando cierta armonía en conjunto.

Estafador. Persona que estafa. Sacar con engaño dinero y provecho o cosas de valor, abusando de la confianza y buena fe de otros (RAE, 2014). La falta de discriminación ética, oposición a las normas, tendencia a engañar y la locuacidad empleada con el fin de engañar, es común en los estafadores.
Interpretación grafonómica. Letras con rasgo de garra de gato, presencia de puntos innecesarios en el texto del escrito, letra "d" y letra "o" abiertas en la base, así como irregularidad y también

inconstancia en la forma, la dirección y la inclinación; letras poco claras (ilegibles), equivocadas; los números realizados con poca claridad, óvalos empastados en la "o", con dobles o triples vueltas; repasos en el trazado de esta letra, o bien con pequeños círculos internos en la zona del óvalo; uso de mayúsculas en lugar de minúsculas, la letra "s" cae en el principio, mitad y final de la palabra, presencia de complicaciones y adornos innecesarios, predominio de arcos que implican notable espíritu de reserva (letras "m, n, ñ"), presencia de óvalos en letras "a, e, o" (delatores de lo más íntimo del YO); letras con formas diferentes dentro del mismo escrito por el mismo amanuense, (aunque pareciera que lo escriben personas diferentes); finales filiformes dentro del contexto de una escritura de velocidad lenta, trazado profundamente filiforme y firma confusa e ilegible.

ESTRÉS. (Ver en desorden mental)

EUFORIA, estado de. (Ver en desorden mental)

EXAGERADO. Persona que aprecia de manera efusiva con un grado superlativo y en algunos casos, alarmante, lo que observa, percibe, escucha o realiza.
Interpretación grafonómica. Escritura con adornos (ornamentaciones) excesivos, tamaño y mayúsculas grandes, prolongación de trazos iniciales y finales; puntos de la letra "i" y barras de la "t" sobrealzadas.

EXCÉNTRICO. De carácter raro, extravagante. Que posee gustos exóticos o poco comunes (RAE, 2014).
Interpretación grafonómica. Escritura con ornamentos, artificios, escritura falseada, alto nivel de personalización. Escritura y/o firma extraña, símbolos, dibujos y peculiaridades.

EXPANSIVA, personalidad. Persona que puede manifestar su estado de ánimo exteriorizando sus emociones, pensamientos y virtudes (Larousse, 2016).
Interpretación grafonómica. Escritura clara, legible, curva o poco

angulosa, desorganizada, irregular; escasa unión entre letras de una misma palabra, frecuentemente ligadas solo por sílabas; óvalos abiertos por arriba; firma grande y rúbrica invadiendo el texto. Contexto en papel ocupado (predominio del negro sobre el blanco).

EXTRAVAGANCIA. Necesidad de llamar la atención fuera de las pautas normales (Alarcón, 2001).
Interpretación grafonómica. La escritura asociada muestra la puntuación de la letra "i" así como de la letra "j", con un círculo más que un punto, las mayúsculas suelen tener formas extrañas y muy rebuscadas, abundantes rasgos fuera de lo común. La firma suele ser grande y está alejada del texto, generalmente en el centro de la hoja.

EXTRAVERSIÓN. Tendencia preponderante de un individuo a mantener un mayor interés y contacto hacia el mundo exterior (RAE, 2014). Son personas que necesitan de la sociedad, y del trato frecuente de la gente y la cercanía con las personas (temen a la soledad). Su miedo a la soledad les hace contactar de forma ansiosa a los demás. Ven lo global de una situación más no el detalle, son personas poco observadoras y reflexivas.
Interpretación grafonómica. Escritura de media, grande a muy grande (ver parámetro de medición en glosario), abierta, inclinada, con forma curva, progresiva, firma legible y rúbrica abierta.

FACILIDAD PARA COMUNICARSE. Persona con habilidades y facilidad para mantener intercambio de ideas y proposiciones con agrado, buen trato y cordialidad, dándose a entender de manera simple y sin complicaciones con otros.
Interpretación grafonómica. Escritura de tamaño grande, ligada, agrupada o yuxtapuesta, espacio entre palabra y palabra de normal a reducido, velocidad rápida, óvalos abiertos hacia la derecha, firma legible y rúbrica grande.

Falta de sociabilidad. Característica propia de los individuos aislados, tímidos, sin gusto por la convivencia social.
Interpretación grafonómica. Los finales de mayúsculas prolongados hacia abajo. Predominio de la zona inferior de la escritura con estrechez, presencia de bucles, escritura complicada, pequeña, con presión débil, espacio entre palabra y palabra amplio.

Fantasioso. Que se deja llevar por la imaginación. Carente de fundamento (RAE, 2014). Que tiene facilidad para idealizar la realidad o imaginar objetos inexistentes (Alarcón, 2001).
Interpretación grafonómica. La escritura asociada muestra las hampas sobrealzadas, alto grado de velocidad, mayúsculas barrocas, enlaces curvos y originales, nexos entre letras con adornos originales, puntuación alta y acentuada; puntos de la letra "i" suelen ser en forma de corazón, media luna, estrella o caritas dibujadas.

Favorecimiento del bien común. Acción que no promueve la ventaja personal, de un grupo o clase alguna, sino el beneficio de todos, cualquiera que sea el carácter o la función que realice en la sociedad.
Interpretación grafonómica. Escritura simplificada, espontánea, ligada, espaciada, rápida, redondeada, inclinada, precisa, legible, lenta, rítmica, progresiva con predominio de enlaces con nexos en guirnalda, proporcionada y con espacio normal entre palabras y líneas; mayúsculas proporcionadas y ausencias de rasgos superfluos; velocidad moderada, claridad y ausencia de ornamentación (adornos); trazos claros y legibles, ausencia de rasgos convergentes y margen izquierdo creciente (ensanchándose); firma que varía poco con respecto al texto y rúbrica sencilla.

Fiable. Dicho de una persona que es digna de confianza. Que ofrece seguridad o buenos resultados (RAE, 2014).
Interpretación grafonómica. Escritura legible (clara), espontánea, simplificada, limpia, óvalos sencillos, firma igual que el texto y rúbrica sencilla.

---,**poco.** Que genera desconfianza e inseguridad, la actitud es

obstinada y testaruda.
Interpretación grafonómica. Escritura con enmiendas o retoques, ilegible; letras están mal terminadas y los óvalos de las minúsculas "a", "o" presentan aberturas en la parte inferior; rúbrica angulosa por debajo del nombre, primer rasgo regresivo y continúa hacia la derecha por debajo del primer trazo.

FIDELIDAD. Es una característica de quien es leal, en quien se puede confiar y creer; es ser honesto y respetable ante los demás (RAE, 2014).
Interpretación grafonómica. La jamba de la letra "g" es angulosa y estrecha en la parte inferior, carente de ampulosidades. La escritura también es angulosa.

FIRMEZA DE CARÁCTER. Cualidad de firme. Entereza, constancia, fuerza moral de quien no se deja dominar ni abatir (RAE, 2014).
Interpretación grafonómica. Escritura angulosa, con regularidad, presión firme, velocidad rápida, bien hecha, organizada, proporcionada, sencilla, progresiva, espontánea (con habilidad escritural, clara y legible); firma simplificada (con punto final y rúbrica sencilla de tamaño moderado.

FIRMEZA DE PRINCIPIOS. Fidelidad a los principios morales, éticos o religiosos.
Interpretación grafonómica. Escritura armoniosa, gladiolada, vertical, dirección horizontal o ascendente ligera, precisa, finales de palabra finos, legible, ordenada, proporcionada, de tamaño regular, espacio normal en letras, palabras y líneas; óvalos sencillos, puntos de la letra "i" bien colocados, números legibles; presión y velocidad normal; firma con nombre y apellido, legible y rúbrica sencilla.

FLEXIBILIDAD. Cualidad de flexible. Persona que tiene esta cualidad y puede aceptar distintos puntos de vista y estrategias; se adapta a situaciones nuevas.
Interpretación grafonómica. Escritura organizada, grande, presión fuerte, firma legible y rúbrica sencilla.

FRANQUEZA. Comportamiento y cualidad en el que las mentiras y las falsedades no tienen lugar de ser, en tanto se encuentra vinculada a otros, tales como: sencillez, veracidad, naturalidad, espontaneidad y honradez (Ucha, 2012).
Interpretación grafonómica. Escritura sencilla (simplificada), en guirnalda, clara (legible), proporcionada, sin rasgos iniciales; óvalos ligeramente abiertos por la parte superior o por la derecha y número "9" abierto por arriba.

FRAUDULENTO. Engañoso, falaz. Movimiento de encubrimiento del YO. Es común la aprobación, el acaparamiento, la hipocresía y la bajeza, la ocultación interesada para obtener beneficio, así como la falta de escrúpulos al deformar la realidad de acuerdo a la conveniencia así como la mentira y la mala fe (Doyharzábal, 2017).
Interpretación grafonómica. Escritura filiforme (en hilo) o arcadas excesivas, jambas regresivas con ganchos finales, óvalos abiertos y/o cerrados en la parte inferior o abierto y/o cerrados en la parte izquierda o con una doble vuelta (anillados); finales de los rasgos prolongados con tendencia a la izquierda, lazos en la zona superior excesivamente inflados.

FRENASTÉNICO, oligofrénico. (Ver en desorden mental)

FRIALDAD. Indiferencia o falta de sentimientos hacia alguien o algo (RAE, 2014). Desapego, poco interés e indiferencia, sin emotividad.
Interpretación grafonómica. Escritura en mayúsculas, angulosa, monótona, rígida, vertical, torpeza en la escritura, presión fuerte y letra recta; márgenes amplios, puntos de la letra "i" bajos y firma muy alejada del texto; poca habilidad escritural; espacios amplios entre letras y palabras.

FUERZA DE VOLUNTAD. Se trata de una virtud de la personalidad que se usa para desarrollar una acción de acuerdo a un resultado esperado.
Interpretación grafonómica. Regularidad, proporción y gran tama-

ño en las letras, alta presión, firmeza, dirección ascendente y nivel morfológico alto (escritura rítmica).

G

Generosidad. Cualidad de la persona que ayuda y da lo que tiene a los demás sin esperar nada a cambio (Solís, 2015). Actitud o comportamiento generoso. Inclinación a favorecer a los demás más que a uno mismo. Desprendimiento, desinterés y dadivosidad.
Interpretación grafonómica. Escritura espaciada, aireada, progresiva, curva o ligeramente angulosa; trazos finales con dirección a la derecha, espacio entre letras y palabras abundante; ausencia de ganchos convergentes, número "6" abierto en zona final; margen izquierdo ampuloso con tendencia al ensanchamiento, margen superior normal, margen inferior grande.

---, **falta de.** Carencia de bondad, deseos de ayuda y altruismo.
Interpretación grafonómica. Escritura con dirección ascendente, pequeña, apretada sin espaciamiento entre palabras y líneas; ganchos iniciales en los trazos, márgenes muy pequeños o inexistentes, margen izquierdo ausente; rasgos regresivos, mayúsculas grandes, tildes de "t" iguales en tamaño; firma ascendente.

Genialidad. Capacidad, habilidad y facilidad que se posee para crear o inventar cosas nuevas y admirables o para realizar alguna actividad de forma imaginativa, singular y brillante (RAE, 2014).
Interpretación grafonómica. Letra clara, perfectamente legible, ordenada, más bien simplificada, original, con un justo nivel de presión, rítmicamente rápida, nada barroca y sin excentricidades con hampas sobrealzadas.

Grosero. Que carece de tacto y buenos modales para el trato social. Se aplica a la persona que se comporta con poca educación,

delicadeza y hace o dice cosas de mal gusto o no es cortés.
Interpretación grafonómica. Escritura artificial, presión fuerte, barroquismo, ausencia del sentido del orden (poco cuidada), inarmónica, monótona, mayúsculas grandes. Suciedad y empastamientos dentro del un escrito (tachaduras y/o manchones).

Habilidades sociales. Se manifiestan en situaciones interpersonales; son aprendidas, y sirven para la convivencia, trato, e interacción con la sociedad.
Interpretación grafonómica. Escritura clara, forma de guirnalda y con mezcla de curva, agrupada/ligada, variada, organizada, presencia de bucles; letra vertical en su inclinación o ligeramente inclinada a la derecha, cohesión ligada o agrupada; margen derecho pequeño o ausente.

Habilidades y capacidades. La habilidad es la capacidad y disposición para algo. Gracia, ingenio, destreza con la que una persona ejecuta o realiza algo para hacer una cosa correctamente y con facilidad. Para fines de este libro, capacidades lo estamos relacionando con las aptitudes para llevar a cabo una profesión (RAE, 2014).

---ARTES VISUALES, para las. Presente en las personas que se encuentran enfocadas preeminentemente a la creación de trabajos visuales como la pintura, fotografía, impresión y el cine.
Interpretación grafonómica. La escritura es rítmica, original, progresiva, de velocidad rápida, presión débil/liviana, movimiento y forma armónicos, tamaño grande, desigual, con espacios estrechos o reducidos entre las palabras; letras de imprenta, con formas en arcos o guirnaldas, principalmente en las mayúsculas y en la firma; rasgos iniciales en la zona superior, letra "c" abierta, mayúsculas con movimientos elegantes; már-

genes oscilantes, trazos finales acerados, hampas cóncavas a la derecha.

---**ATLETA Y DEPORTISTA,** para ser. Personas con habilidades particulares para el manejo y control de su cuerpo en la práctica de actividades físicas, desempañadas de forma profesional o por una afición. *Interpretación grafonómica.* Escritura con letras grandes, dirección ascendente, ligada, lanzada, presión firme; barra de la letra "t" con presión fuerte, presencia de ángulos, jambas firmes y largas; firma a la derecha del escrito con trazo inicial desde la zona inferior.

---**AVIADOR,** para ser. Persona que conduce o tripula una aeronave, en especial si se dedica a ello profesionalmente, con alto desarrollo de la inteligencia espacial.
Interpretación grafonómica. Escritura pausada, ordenada, mayúscula separada de la letra siguiente, puntuación correcta.

---**BAILARÍN,** para ser. Persona con destreza, gusto y habilidades para ejecutar bailes, el cual se dedica al arte de bailar no solo profesionalmente, sino también como afición.
Interpretación grafonómica. Escritura grande, lanzada, extensa, nutrida, jambas firmes y largas, hampas altas, formas de las letras e inclinación variable (desigual), presión firme, buen espacio entre líneas y palabras.

---**CIRUJANO,** para ser. Médico especialista en cirugía. Persona analítica, con alto desarrollo de las habilidades psicomotrices finas, así como capacitados en la toma de decisiones y resolución de problemas.
Interpretación grafonómica. Escritura clara, simplificada, ordenada, velocidad pausada, trazos en ángulos, pequeña con ausencia de adornos, presión firme, levemente decreciente, hampas y jambas bien proporcionadas. Puntuación colocada correctamente, barras de la "t" regulares o en doble barra.

---**COMUNICACIÓN Y PERIODISMO,** en. *Comunicación.* Las habilidades en comunicación tienen que ver con el poder transmitir, enviar, recibir, elaborar y emitir información, ideas, opiniones y actitudes de primera calidad y orientadas hacia objetivos específicos, personales y organizacionales. *Periodismo.* Es una actividad

profesional que consiste en la captación, tratamiento y difusión de la información, en cualquiera de sus formas y variedades.
Interpretación grafonómica. Escritura armónica, original, espontánea, clara, legible, forma curva o mixta con conexiones altas, tamaño medio, presión de normal a fuerte, inclinada a la derecha, dinámica, ancha, agrupada o bien ligada. En los jóvenes la escritura puede parecer especialmente concentrada entre líneas (espacios reducidos entre línea y línea). Barras de la letra "t" largas, firmes y finas, óvalos abiertos a la derecha, separación normal entre letras y palabras, márgenes ordenados, el margen derecho puede ser pequeño o ausente, firma a la derecha del escrito.

---**CONCERTISTA, CANTANTE, COMPOSITOR, MÚSICO, DIRECTOR MUSICAL, DIRECTOR DE ORQUESTA, COROS,** para ser. Profesiones que implican tener la habilidad para expresar una visión sensible propia o de otros, sobre el mundo real o imaginario, mediante recursos sonoros estructurados, que permiten expresar, comunicar y transmitir ideas, emociones y sensaciones.
Interpretación grafonómica. Escritura rápida, ligada o agrupada, con letra mayúscula grande, presión firme, lazos superiores, altos y redondeados, velocidad ágil, inclinación a la derecha con variaciones, movida; hampa larga en las letras "d" y "l", trazos finales hacia arriba; letras reproduciendo notas o símbolos musicales.

---**DRAMATURGO, LITERATO, CRÍTICO,** para ser. *Dramaturgo.* Persona con habilidades literarias y críticas para escribir y transmitir emociones en sus diferentes modalidades. *Literato.* Persona con capacidades y habilidades para la literatura cuyo instrumento de trabajo es el uso de la palabra escrita. *Crítico.* Persona con habilidades y capacidades analíticas, reflexivas y científicas que proporcionan su opinión o juicio sobre determinadas cuestiones.
Interpretación grafonómica. Escritura original, pequeña, dextrógira con escasas desigualdades, velocidad rápida, fluida, legible, ascendente, con presión espasmódica, desligada, sencilla y puede presentarse ligeramente regresiva; letras y mayúsculas

tipográficas, rasgos iniciales en zona superior, acentos y puntos en forma de coma, puntuación alta en general, óvalos estrechos, espacios anchos entre palabras, jambas cortas en zona inferior, rasgos finales en las letras cortas; letra "d" con hampa en bucle y barras de la "t" aceradas, margen izquierdo y derecho iguales.

---**INGENIERO EN INFORMÁTICA**, para ser. Cuenta con habilidades en electrónica y en ingeniería de software, para el desarrollo de soluciones integrales de cómputo y comunicaciones, en el manejo eficiente de métodos y técnicas, con el fin de almacenar, procesar, transmitir información y datos en formato digital.

Interpretación grafonómica. Ausencia de adornos y bucles, trazado algo rígido, escritura comprimida, levemente dextrógira o moderadamente invertida, gladiolada, rectilínea, trazos finales breves o cortados, velocidad media, puntos y barras y puntuación precisa, espacios amplios entre las líneas, márgenes equilibrados.

---**INVESTIGACIÓN**, para la. Capacidad y curiosidad para teorizar y construir hipótesis y modelos, para llegar al conocimiento y explicación de la verdad.

Interpretación grafonómica. Escritura clara, ligada, ordenada, legible, agrupada, tamaño pequeño o decreciente; presencia de arcos en las letras, presión mesurada, trazos acerados, ejes o palotes de las hampas ligadas a la otra letra, barras de la letra "t" y puntos de la letra "i" y "j" colocados de forma correcta (bien centrados) pero bajos.

---**MIMO E ILUSIONISTA**, para ser. *Mimo*. Persona que domina el arte de representar o interpretar por medio de gestos y movimientos corporales. *Ilusionista*. Persona que hace juegos y trucos de magia de manera profesional.

Interpretación grafonómica. Escritura lanzada, decreciente, velocidad rápida, fluida, inclinada hacia la derecha, forma de las letras con mezclas de curvas y ángulos; letras "a" y "o" abiertas en la parte superior.

---**NEGOCIOS**, para los. Acierto en actuar según las necesidades y objetivos de cada empresa donde se labora, para obtener un beneficio de efecto lucrativo, por medio de actividades de pro-

ducción, comercialización o prestación de servicios.
Interpretación grafonómica. Escritura extendida, ligada/agrupada, curva/mixta, ascendente, legible, dinámica, simplificada de trazos filiformes.

---PERCUSIONISTAS Y BATERISTAS, para ser. *Percusionista.* Persona que toca uno o más instrumentos de percusión. *Baterista.* Persona que toca la batería. Ambas con alto desarrollo de la inteligencia musical.
Interpretación grafonómica. Escritura rítmica, vibrante, movida, agrupada, rápida, presión fuerte, de formas variadas, pero equilibradas; zona inferior larga y bien trazada.

---POETAS Y ESCRITORES, para ser. *Poeta.* Persona que compone poesías. *Escritor.* Persona que se dedica a crear y escribir obras literarias o científicas. Ambas con habilidades en el manejo del lenguaje escrito y la composición lírica o literaria.
Interpretación grafonómica. Escritura clara, legible, armoniosa, vibrante, formas y tamaño con variaciones equilibradas, presión firme/fuerte, buen ritmo, agrupada, con arcos, ligados altos. Velocidad rápida o precipitada, predomina la zona superior, trazos finales de las letras con curvas o bucles, trazos de "t" largos.

---POLÍTICO, ORADOR, LÍDER, CONFERENCISTA DE AUTOMOTIVACIÓN, para ser. *Político.* Se aplica a la persona que se dedica a la política. *Orador.* Persona que tiene facilidad para hablar en público. *Líder.* Persona que ejerce su carisma y autoridad sobre los miembros de un grupo, basándose en la confianza que le otorgan. *Conferencista de automotivación.* Líder que transmite entusiasmo, motivación y confianza hacia los demás.
Interpretación grafonómica. Escritura de normal a grande, angulosa, inclinación en las letras vertical, ilegible y confusa, de velocidad rápida; dirección sinuosa o ascendente; letra estrecha, acerada, afilada, pudiendo presentar trazos filiformes en los finales de palabras; óvalos con doble vuelta o anillados o cerrados, presión de firme a fuerte, mayúsculas grandes, hampas y barras de la letra "t" largas y altas y firma ascendente.

---TECNOLOGÍA, para la. Conocimientos técnicos, científicamen-

te ordenados, que permiten diseñar y crear bienes y servicios que facilitan la adaptación al medio ambiente, la satisfacción de las necesidades esenciales y los deseos de la humanidad.
Interpretación grafonómica. Ver inteligencia lógico-matemática.

HEBEFRENIA. (Ver en desorden mental)

HIPERSEXUALIDAD.
Excesivo aumento en la actividad sexual de un individuo, implicando consecuencias negativas emocionales, sociales y físicas, obsesionándose con dicha actividad sexual.
Interpretación grafonómica. Escritura con pies o jambas amplias y redondeados con presión; letra "g" en su parte inferior ampulosa.

HIPERTIROIDISMO. (Ver en enfermedad física)

HIPOTIROIDISMO. (Ver en enfermedad física)

HIPOACUSIA. (Ver en enfermedad física)

HIPOCONDRIA. (Ver en enfermedad física)

HIPOCRESÍA.
Fingimiento de cualidades, sentimientos o actitudes contrarios a los que verdaderamente se tienen o experimentan (RAE, 2014). Actitud deshonesta mediante la cual se intenta hacer que una cosa sea distinta de cómo es. Presunción de virtudes ausentes. Mentira reflexiva, engaño intencionado (Grafomar, 2012).
Interpretación grafonómica. Escritura filiforme con enmiendas o retoques, ilegible, dirección irregular; predominio de los nexos en arcada, finales filiformes intencionales dentro del contacto de una escritura de velocidad lenta; letras rotas (compuestas de dos pedazos juntos) y mal terminadas, letras "d" y "o" con óvalo abierto en su base; las minúsculas de las letras "a" y "o" presentan aberturas o cerraduras en la parte inferior o en la parte izquierda en el centro (coincide con la tendencia al hurto); números cerrados y/o con doble anillo; rúbrica angulosa por debajo del nombre, primer rasgo regresivo y continuo hacia la derecha por debajo del primer trazo.

HISTERIA. (Ver en desorden mental)

HOLGAZANERÍA. Ociosidad, aversión al trabajo o al estudio (RAE, 2014). El holgazán es fácilmente influenciable por el ambiente negativo circundante.
Interpretación grafonómica. Velocidad lenta, presión profunda o fuerte y dirección descendente.

HOMOSEXUALIDAD. Comportamiento sexual que se distingue por la elección de parejas sentimentales o sexuales del mismo sexo.

   ---FEMENINA (lesbianismo). Las mujeres se ven atraídas sexual y amorosamente por otras mujeres.
   Interpretación grafonómica. Escritura angulosa, poco redonda, escritura con buena presión (firme) en los trazos, sin adornos; signos de puntuación enfatizados (muy marcados).
   ---MASCULINA. Es la orientación sexual que manifiesta una interacción, una atracción de tipo sexual, emocional, sentimental y afectiva hacia los individuos del mismo sexo (masculino) (Rojas, 2015).
   Interpretación grafonómica. Pies o jambas muy amplias y redondeadas, bucles y adornos principalmente en la letra "g".

HONESTIDAD. Cualidad de una persona que se conducen con rectitud y verdad.
Interpretación grafonómica. Escritura legible, vertical, dirección horizontal o ascendente, tamaño normal y regular, ordenada, proporcionada, espacio con una distribución correcta entre letras, palabras y líneas, óvalos sencillos, puntos de la letra "i" bien colocados; números legibles, presión y velocidad normal, firma con nombre y apellido, legible y rúbrica sencilla.

HUMILDAD. Virtud que consiste en el conocimiento de las propias limitaciones, virtudes y capacidades humanas o económicas sin hacer alarde o presunción de ellas (Larousse, 2016).
Interpretación grafonómica. Escritura simplificada, tamaño peque-

ño, claridad y ausencia de ornamentación, barras de la letra "t" bajas y gruesas.

I

Idealismo, idealista. Tendencia a considerar el mundo y la vida de acuerdo con unos modelos de armonía y perfección ideal que no se corresponden con la realidad (Echeverría, 2016).
Interpretación grafonómica. Escritura irregular, superficial, con presión tenue, predominio de la zona superior de la escritura que es de gran tamaño, sobrealzada, poco presionada; puntos en general y en la letra "i" situados altos, crestas (hampas) más desarrolladas que las jambas, letra "d" en bucle, letra "s" sobre elevada, presión ligera y ascensos anormales; firma y rúbrica ascendentes.

Ignorancia. Carencia de cultura, educación, ausencia de conocimientos. Falta de conocimiento sobre un asunto o materia (Ucha, 2018).
Interpretación grafonómica. Escritura desigual, en general con apariencia infantil, desordenada, siendo siempre diferentes la distancia entre letras, líneas, y márgenes; tendencia a omitir signos gráficos y a intercalar mayúsculas con minúsculas.

Imaginación. Facultad del intelecto para crear y estructurar ideas y conceptos innovadores falsos o verdaderos o de cierta complejidad (RAE, 2014). Exceso de fantasía.
Interpretación grafonómica. Escritura grande, pero rápida, predominio de la zona superior, letras y demás signos gráficos sobrealzados; puntos en general y en la letra "i" situados altos, crestas (hampas) más desarrolladas que las jambas, letra "s" minúscula sobresaliente del resto; letra "d" minúscula curvada hacia la derecha; márgenes irregulares, siendo el izquierdo sinuoso; hampas desproporcionalmente altas y a veces con final en gancho; firmas y rúbricas ascendentes.

IMPACIENCIA. Que no tiene paciencia. Que desea o espera con desasosiego (RAE, 2014). Deseo vivo engendrado por la inquietud y el nerviosismo, que incita a querer librarse de algo o entrar en posesión de algo sin espera.
Interpretación grafonómica. Escritura ilegible, precipitada, filiforme, agitada, con angulosidad en las letras, inclinación a la derecha, presión de débil a normal; trazos incontrolados finales largos o rasgos de golpe de sable y/o de látigo en la barra de la letra "t"; puntos de la letra "i" como acentos o puntos bajos hasta caer más abajo, ya que el punto de la letra "i" se observa completamente de lado de la letra; margen izquierdo ensanchándose y/o margen derecho ausente; barra de la letra "t" colocada a la derecha sin separarse del eje o con rasgo de golpe de látigo.

IMPARCIALIDAD. Falta de designio anticipado o de prevención en favor o en contra de alguien o algo, que permite juzgar o calificar con rectitud (RAE, 2014).
Interpretación grafonómica. Escritura vertical, organizada, armónica, precisa, clara, de tamaño normal, legible y letras sencillas.

IMPRECISIÓN. Falta de precisión. Escasa exactitud en concreción y exposición de hechos. Dificultad de síntesis (Alarcón, 2001).
Interpretación grafonómica. Escritura bastante desordenada y en ella con mucha frecuencia se omiten letras e incluso palabras enteras; ausencia de puntuación en general, deformaciones y/o agitación gráfica en los trazos y letras, puntos de la letra "i" mal situados o ausencia de puntos.

IMPRESIONAR. Fijar por medio de la persuasión o de una manera conmovedora, en el ánimo de alguien, una idea o un sentimiento, generalmente fruto de una sensación intensa de admiración, sorpresa o miedo (RAE, 2014).
Interpretación grafonómica. Escritura grande y óvalos abiertos por arriba o hacia la derecha, recurrencia en el uso de mayúsculas de gran tamaño adornadas, exceso de puntuación y rasgos amplios o bien ampulosos.

Imprudencia. Descuido e inmadurez para la realización de proyectos. Falta de tacto para el trato de asuntos personales o sociales.
Interpretación grafonómica. Escritura ilegible y complicada; barra de la letra "t" colocada a la derecha sin separarse del eje; margen derecho irregular.

Impulsividad. Conducta o reacción producida espontáneamente y sin pensar, resultado de un estímulo, pudiendo ser, en algunos casos, imprudente, ofensiva, hiriente, o violenta.
Interpretación grafonómica. Escritura rápida con rasgos de golpes de látigo, inclinada, lanzada, desproporcionada, presión fuerte, letras angulosas; barras de las "t" muy marcadas, afiladas; finales largos, jambas también largas de base angulosa, trazos acerados y margen que avanza sobre el borde de la hoja.

Inactividad. Condición de algunas personas que evitan la realización de operaciones o tareas propias de un individuo o entidad. Carencia de gusto o energía para la realización de acciones o proyectos.
Interpretación grafonómica. Escritura sucia, de tamaño pequeño, contenida, con velocidad lenta, presión fuerte, torpeza en los trazos (estos con deformaciones), trazos curvos, líneas descendentes, presión blanda, cifras y números mal hechos.

Inadaptabilidad. Condición de dificultad de acomodo al medio de una persona para adaptarse a otra persona, situación o cosa (Larousse, 2016).
Interpretación grafonómica. La escritura es desligada o yuxtapuesta (abundan las letras totalmente disociadas una de otra), inclinación desigual de las letras, ilegibilidad por deformación, enlaces en guirnalda, formas redondeadas y/o curvilíneas, presión y velocidad media; margen superior ausente con disminuciones bruscas de tamaño y con irregularidades; extrema diferencia entre firma y escritura.

Inconstancia. Falta de estabilidad y permanencia de algo. Facilidad y ligereza excesivas para mudar de opinión, de pensamiento, de amigos, etcétera (RAE, 2014). Reforzante de mentira, inadapta-

ción emocional, debilidad, inconstancia y falta de disciplina. Indica además que posee un concepto de sí mismo que es oscilante.
Interpretación grafonómica. Disminuciones bruscas e irregulares en el tamaño de las letras, también muestra inconstancia en la forma de las letras, así como en la dirección y la inclinación; óvalos irregulares o desiguales; extrema diferencia entre firma y escritura.

INCREDULIDAD. Dificultad para creer en el dicho de las demás personas, incluso de acontecimientos obvios y evidentes.
Interpretación grafonómica. Márgenes: derecho irregular e izquierdo muy ancho e irregular; escritura ilegible, inclinación invertida, líneas descendentes, coligamento en arco, barra de la letra "t" retrasada sin separarse de su eje.

INDECISIÓN. Falta de determinación y voluntad para tomar una elección o resolver una cuestión dudosa.
Interpretación grafonómica. Escritura con desigualdades, en guirnalda, invertida o recta, regresiva y estrecha; barras de la letra "t" hacia la izquierda, mayúsculas separadas, margen izquierdo estrechándose, puntos de la letra "i" débiles, letra "r" triangular o curva y firma a la izquierda del texto; presión espasmódica y acentos o puntos de la letra "i" en forma de raya horizontal.

INDEPENDENCIA. Cualidad o condición de independiente. Entereza y firmeza de carácter (RAE, 2014). Actitud del sujeto que no quiere sentirse subordinado, dependiente, controlado o sometido por otro. Libertad para realizar, pensar y decidir sobre lo personal.
Interpretación grafonómica. Escritura angulosa, mayúsculas grandes desligadas y con óvalos cerrados; trazos iniciales de las letras "m", "n" y "w" más grandes que los del resto de las letras; texto hacia la derecha, letra inclinada, ligada, pequeña y rebajada, renglón de la escritura ascendente.

ÍNDICE DE FRENO. Capacidad para contener impulsos y emociones.
Interpretación grafonómica. Reducida espontaneidad en la escritura. Velocidad retardada y letras que terminan con jambas muy abajo

(que bajan).

INDISCIPLINADO. Falta de disciplina. La falta de planificación corresponde a personas descuidadas, que no acatan reglas o normas, sin control del tiempo y del dinero. También puede corresponder a personalidades neuróticas.
Interpretación grafonómica. Márgenes descuidados e invadidos, el inferior es ausente y en cuña; tamaño de las letras excesivamente irregular con disminuciones bruscas; óvalos irregulares y desiguales; la firma con predominio del movimiento.

INDISCRECIÓN. Incapacidad de una persona para conducirse con cuidado, prudencia y mesura al comentar o comunicar o algo que sabe o piensa.
Interpretación grafonómica. Escritura ligada o agrupada, dinámica, extendida, progresiva, inclinada; óvalos sencillos y abiertos en la zona superior o por la derecha; puntuación adelantada, bucle cerrado en el número "9".

INDIVIDUALISMO. Tendencia a pensar y obrar con independencia de los demás, o sin sujetarse a normas generales (RAE, 2014).
Interpretación grafonómica. Escritura angulosa, recta, de gran velocidad, con espacios proporcionados y naturales; signos de puntuación generalmente bajos como el punto en la letra "i" y "j"; margen izquierdo ausente o estrechándose; espacios entre letras, líneas y palabras reducidos; firma y rúbrica de gran tamaño, prevaleciendo el nombre sobre el apellido.

INESTABILIDAD. Falta de estabilidad. Estado de insatisfacción caracterizado por una excesiva movilidad y propensión a las variaciones irracionales, y a veces impulsivas, de los deseos o ideas.
Interpretación grafonómica. Irregularidad en la mayoría de criterios gráficos como la velocidad y la presión; puntos de la letra "i" y barras de la "t" en forma de guion. Renglones inestables en su trayecto.

---**AFECTIVA.** Dificultad de adaptación en lo relacionado a los

sentimientos y emociones.
Interpretación grafonómica. Márgenes derecho e izquierdo irregulares.

---EMOCIONAL. La inestabilidad emocional es una característica de la personalidad y quien la sufre cambia constantemente de estado de ánimo sin causa aparente ni razonable (García, 2015).
Interpretación grafonómica. Tamaño de las letras y escritura desiguales; oscilaciones de tamaño muy marcadas (salta de uno grande a otro pequeño en las letras de las palabras); margen derecho irregular; escritura ilegible, mixta u original.

INFIDELIDAD. Falta de fidelidad. Engaño que consiste en tener relaciones sexuales con una persona distinta de la pareja habitual. Deslealtad (Las llaves del ático, 2012).
Interpretación grafonómica. Escritura redondeada, con inclinación a la derecha; jambas y letra "g" predominantemente ampulosas, grandes y largas hacia abajo.

INFLUENCIABLE. Que se deja influir fácilmente. Propensión más o menos acentuada a dejarse sugestionar por el efecto, las más de las veces destructivo, que producen en el ánimo las impresiones de fuera.
Interpretación grafonómica. Escritura espaciada, en guirnaldas, con velocidad lenta, presión floja, pastosa, con dirección descendente; presenta sinuosidad en los renglones o en las palabras.

INGENIERO EN INFORMÁTICA, para ser. (Ver en habilidades y capacidades)

INGENIO. Facultad para discurrir o inventar con rapidez y facilidad historias o argumentos con el ánimo de convencer o impresionar (Larousse, 2016).
Interpretación grafonómica. Escritura legible, ordenada, es decir, simplificada, original, con un justo nivel de presión, rítmicamente rápida, nada barroca y sin excentricidades; formas curvilíneas en los trazos, ondulaciones y nexos en espiral; hampas notablemente

grandes y altas.

INGENUIDAD. Falta de malicia, astucia o intuición al dejarse sorprender con mentiras o mala fe (Prez y Gardey, 2014).
Interpretación grafonómica. Escritura de normal a grande, creciente, en guirnaldas, barras de la letra "t" cortadas, letras descuidadas y muy abiertas como "u".

INICIATIVA. Que da principio a algo. Acción de adelantarse a los demás en hablar u obrar. Cualidad del que hace más de lo esperado y solicitado, anticipándose a hechos y asumiendo riesgos (RAE, 2014).
Interpretación grafonómica. Escritura con predominio de la zona superior, dinámica, extendida, progresiva, con presión de media a fuerte, velocidad de media a rápida, dirección ascendente; mayúsculas tipográficas, signos gráficos sobrealzados, margen izquierdo ensanchándose; originalidad en los trazos y de forma curvilínea, con ondulaciones y/o nexos en espiral y puntuación adelantada.

INMADUREZ. Falta de madurez. Atribuida a una persona que no ha llegado a término en el desarrollo de todas o algunas de sus capacidades como ser humano, ya sean cognitivas, afectivas, comportamentales, físicas, intelectuales, psicomotrices, con relación al momento cronológico considerado y según un determinado modelo, tipo o patrón (Pérez, 2010).
Interpretación grafonómica. Letras con formas diferentes dentro del mismo escrito, barras irregulares de la letra "t", puntos de la letra "i" en formas diversas: círculo, triángulo, como una coma o corazón.

INNOVAR. Condición atribuida a persona que rompe con todos los esquemas, proponiendo e intentando hallar métodos nuevos, aceptando novedades que mejoren el trabajo o su entorno y cambiando o introduciendo algo de características originales.
Interpretación grafonómica. Escritura vertical, personalizada, espontánea, vibrante, inclinación hacia la derecha, forma de las letras

curvas o en guirnaldas, puntuación adelantada, travesaño o barra de la letra "t" pospuesta, óvalos abiertos.

INSATISFACCIÓN. Existencia de un conflicto o frustración por la incapacidad de poder obtener lo que se desea, anhela o quiere, ya sea en lo material o espiritual, generando un estado de insatisfacción y avidez de placer, dinero o bienes materiales (Doyharzábal, 2017).
Interpretación grafonómica. Extrema diferencia entre firma y escritura, jambas regresivas, ilegibilidad por deformación de las letras.

INSEGURIDAD. Falta de seguridad. Es un fallo de la confianza en sí mismo o en las circunstancias que rodean al sujeto. Carácter neurótico, angustia.
Interpretación grafonómica. Escritura de pequeña a muy pequeña, invertida, con fuertes diferencias de presión (espasmódica), repasados (repeticiones o enmiendas de trazos ya hechos), carece de adornos ostentosos, vacilante y/o con interrupciones, ilegibilidad por deformación en las letras; óvalos estrechos en sentido vertical.

INSIGNIFICANCIA. Falta de importancia o relevancia que se le da a algo, ya sea por el tamaño, la cantidad, la utilidad o el valor de lo que tiene (BioDic, s.f.).
Interpretación grafonómica. Escritura simple, legible, monótona, poco expresiva.

INSINCERIDAD. Falta de honradez, tendencia a la mentira por ocultar en mayor o menor grado lo real.
Interpretación grafonómica. Letras rotas (compuestas de dos pedazos juntos) que son ilegibles por esas deformaciones, tamaño desigual, oscilaciones marcadas en la dimensión (salta de uno grande a otro pequeño en las letras de las palabras). Óvalos con bucles internos, muy cerrados, con doble vuelta; firma ilegible, rúbrica complicada y muy envolvente.
Nota: Si se trata de aumento brusco (únicamente aumenta el tamaño de una letra determinada), se interpreta como pérdida del control, pero no tanto como mentira o insinceridad.

Insociable. No disfruta del trato social o lo evita, persona huraña (RAE, 2014).
Interpretación grafonómica. Letras separadas que muestran tendencia al aislamiento; escritura angulosa, muy pequeña o pequeña, trazos rectos, velocidad lenta y presión débil; margen superior exagerado, margen derecho grande o muy grande; espacio amplio entre palabras.

Instinto. Conjunto de pautas y reacciones que en los seres humanos contribuyen a su conservación. Poderosas fuerzas impulsivas, inconscientes y apremiantes que tienden hacia la satisfacción de las necesidades vitales e igualmente a la supervivencia (RAE, 2014).
Interpretación grafonómica. Escritura separada, curva, ligeramente inclinada hacia la derecha, velocidad de rápida a precipitada, tamaño irregular, presión ligera y dirección de las líneas horizontal o ascendente; ausencia de ganchos convergentes (no se unen a la letra siguiente) y puntos de la "i" altos; la firma/rúbrica estará realizada muchas veces (varios momentos de ejecución gráfica).

Integridad. Presencia de valores y principios basados en la buena fe, ética, honestidad, fidelidad, honradez y lealtad.
Interpretación grafonómica. Escritura limpia, legible, sencilla, clara, armónica con líneas rectas y ordenadas, trazos progresivos. La escritura concuerda en el texto y en la firma.

---**falta de.** Carencia de valores y principios; contrario a la buena fe, ética, honestidad, fidelidad, honradez, y lealtad.
Interpretación grafonómica. Letras con trazos ocultadores: formas diferentes dentro del mismo escrito, exceso de arcos (escritura en arcadas), suciedad y empastamientos (tachaduras y/o manchones), grandes diferencias entre texto y firma, números ilegibles y mezclas sin control de mayúsculas y minúsculas.

Intelectual. Perteneciente o relativo al entendimiento. Se aplica a la persona que se dedica a un trabajo intelectual o actividad que requiere especialmente el empleo de la inteligencia (BioDic, s.f.).

Interpretación grafonómica. Escritura simplificada, personal y con uniones altas. Apego al modelo caligráfico, márgenes proporcionados y regulares; número "8" con bucle superior más ancho; buena colocación de signos ortográficos y de puntuación.

INTELIGENCIA. Capacidad de entender, aprender, comprender o razonar. Con conocimiento para resolver problemas. Habilidad o destreza para realizar cualquier cosa (RAE, 2014).
Interpretación grafonómica. Grafológicamente la inteligencia se descubre en una letra austera, libre de adornos innecesarios, escritura simplificada, sencilla, con gran parecido a la letra de imprenta; la mayúscula inicial va separada de las minúsculas; la letra suele ser progresiva, ligada y rápida; puntuación adelantada, letra "i" pequeña que se confunde con su punto, barras de la letra "t" largas y delgadas, lambas cortas, óvalos ligeramente abiertos a la derecha o con bucles; zona inferior de la caja del renglón pequeña, margen derecho pequeño.

INTELIGENCIA EMOCIONAL. Capacidad para saber gestionar las emociones propias e incluso para comprender las de los demás, desarrollando lo que se conoce como empatía, la cual es la capacidad de saber ponerse en el lugar de la otra persona, pero sin llegar emocionalmente a identificarse con esta. También nos habla de la capacidad de aprendizaje (la cual está íntimamente ligada a la inteligencia emocional) y de la forma de reaccionar ante las adversidades.
Interpretación grafonómica. Escritura semiangulosa, extensa, ordenada, cuidada, legible, clara, agrupada y simplificada; tamaño de las letras de pequeño a normal, ligada, decreciente, dextrógira, inclinación derecha/vertical o invertida pudiendo variar; velocidad rápida (moderada) o pausada (mesurada), óvalos abiertos, mayúscula separada de la letra siguiente, puntuación alta, ambiente gráfico positivo.

INTELIGENCIAS MÚLTIPLES. La teoría de las Inteligencias múltiples fue creada por el psicólogo estadounidense Howard Gardner como contrapeso al paradigma de una inteligencia única. Gardner propuso que la vida humana requiere del desarrollo de varios tipos de inteligencia. La investigación de este autor ha logrado identificar y definir hasta ocho tipos de inteligencia distintas. A continuación se describen (Regader, 2019).

---CORPORAL-CINÉTICA. Capacidad para ocupar controladamente todo el cuerpo facilitando la expresión de sentimientos e ideas, así como en el manejo adecuado de objetos materiales con destreza y habilidad para la realización detallada (Valverde, 2003).

Interpretación grafonómica. Escritura legible, trazos curvos, rítmica, fluida, personalizada, hampas y mayúsculas grandes y altas, espacio normal entre letra y letra, presencia de bucles, márgenes cuidados en donde se presenta buena ocupación en zona media e inferior, variaciones en el tamaño de las letras, velocidad moderada/rápida, presión media/fuerte, buen espacio entre líneas y palabras, rasgos finales curvos/ascendentes.

---ESPACIAL. Capacidad de percibir con exactitud y analizar en tres dimensiones todos los detalles del mundo visual, incluyendo la capacidad de conceptualizar y representar fácilmente de manera gráfica ideas visuales y espaciales (Campbell, et al, 2002).

Interpretación grafonómica. Escritura extensa, original, progresiva, simplificada, agrupada, de trazos curvos (pueden predominar los trazos en arco), regular, equilibrada, presión normal, escritura de media a grande y algunas veces pequeña, variando de acuerdo al grado de introversión y extroversión de la persona. Distribución proporcionada, equilibrada y ordenada, márgenes cuidados, jambas largas, presión con relieve, cuidado de la forma, papel ocupado armónicamente (negro sobre blanco). Letra "i" con punto original, bien centrado o pospuesto (adelantado), letra "d" curvada arriba con armonía. Trazos iniciales en forma de arco, velocidad de lenta/regular, bucles en las hampas, presencia de letras tipográficas mayúsculas y algunas minúsculas, margen superior e inferior iguales; escritura espaciada entre líneas y palabras, óvalos redondeados.

---LINGÜÍSTICA. Es la capacidad de usar las palabras de manera

efectiva al escribirlas o hablarlas (Treviño, 2019).
Interpretación grafonómica. Escritura simplificada, ligera, de presión espasmódica (irregular), progresiva, dextrógira, movida, rápida, desigual, inclinada, espaciada entre palabra y palabra, desligada, agrupada (letras sueltas), imprecisa, variante; puntuación alta/adelantada, jambas cortas, forma de las letras curva.

---LÓGICO-MATEMÁTICA. Es la capacidad para manejar y utilizar los números de manera efectiva y útil empleando el pensamiento lógico. Esta inteligencia, comúnmente se manifiesta cuando se trabaja con conceptos abstractos o argumentaciones de carácter complejo (Lizano y Umaña, 2008) y es propia de científicos, ingenieros, matemáticos, físicos, programadores de computación, estadísticos, economistas, químicos, contadores.
Interpretación grafonómica. Escritura precisa, clara, organizada, simplificada, armónica, uniforme, ordenada, legible, tipográfica, ligada o agrupada, ligeramente angulosa, pequeña o gladiolada, concentrada, progresiva, vibrante, velocidad rápida y fluida, (combinada). Barras de "t" y finales de palabra con trazos acerados sin exageraciones; puntos de la "i" bajos, óvalos en bucle o cerrados; letras, "p" y "q" con la jamba en forma de pinza. En adolescentes la escritura puede mostrarse moderada o pausada.

---INTERPERSONAL. Capacidad para discernir, percibir y comprender los estados emocionales y signos interpersonales de los demás, interactuando de forma apropiada y correcta en relación con los estados de ánimo, deseos y conductas de esas personas (Lizano y Umaña, 2008).
Interpretación grafonómica. Escritura fluida, dextrógira, legible, clara, decreciente rápida, extensa, grande, abierta, ligada, inclinada; coligamento en bucles, forma de las letras en guirnalda/redonda, dirección ascendente, agrupada, simplificada, trazos filiformes, conjunto positivo, letras más anchas que altas. Barras de "t" largas y firmes, finales largos y curvos, puntuación adelantada, acerados. Margen derecho pequeño o ausente, firma a la derecha y sobria, moderadamente ondulada. Puntuación adelantada, letras de óvalos

abiertos a la derecha o arriba, hampas curvas a la derecha y generalmente más acentuadas que las jambas.

---INTRAPERSONAL. Habilidad para entenderse a sí mismo. Capacidad de discriminar los propios sentimientos con exactitud y realismo relacionándolos con las prioridades y aspiraciones; esto resulta en el control de las emociones y de los sentimientos para orientar y reconocer la propia conducta.

Interpretación grafonómica. Escritura ordenada, clara, legible, cuidada, decreciente, fluida, simplificada, aireada, combinada, ligada. Ambiente gráfico positivo, velocidad moderada o pausada con ritmo y fluidez, pueden variar las inclinaciones de las letras a la derecha, vertical o a la izquierda o desigual; tamaño en las letras de pequeña a normal. Mayúscula separada de la letra siguiente. Puntuación alta y pequeña.

---MUSICAL. Capacidad para distinguir, transformar, expresar y percibir el timbre, ritmo y tono de sonidos musicales. Aquellos quienes muestran una especial sensibilidad hacia la música y gustan de escucharla, poseen gran habilidad para ejecutar instrumentos musicales y además gozan de una buena entonación para cantar (Lizano y Umaña, 2008).

Interpretación grafonómica. Escritura de tamaño de pequeña a normal, con formas originales en las letras, regular, agrupada, simplificada, dirección ascendente o sinuosa, velocidad rápida pero con desigualdades (presión espasmódica), márgenes regulares, puntos de la letra "i" en forma de acento, generalmente alto y con presión débil, pero en algunas ocasiones puede observarse el punto bajo en el texto del escrito; hampas altas con trazos desproporcionados, jambas cortas, poco espacio entre palabra y palabra, espacios entre línea y línea con buena distancia.

---NATURALISTA. También conocida como biológica o ecológica. Valoración, entendimiento, identificación con el mundo natural y respeto por la naturaleza y los seres vivos en todos sus géneros.

Interpretación grafonómica. Escritura de pequeña a media, o bien decreciente, agrupada, inclinación a la derecha, velocidad rápida (habilidad escritural ágil), trazos con predominio de curvas y conexiones en guirnaldas. Espacio interlineal amplio (entre línea y línea), jambas extensas.

INTRANSIGENTE. Condición de quien no transige o no cede ante lo contrario a sus principios, gustos o intereses. Reacción de oposición que rechaza toda concesión, deferencia o acomodamiento.
Interpretación grafonómica. Escritura horizontal, angulosa, firme y muy marcada, con líneas rígidas y monótonas; mayúsculas muy marcadas.

INTRIGA. Manejo cauteloso. Acción que se ejecuta con astucia ocultamente para conseguir un fin. Enredo, embrollo (RAE, 2014). Necesidad de llamar la atención y de influir en los demás. La tendencia amoral a enredar las cosas con mala fe o para causar daño a otros transformando o tergiversando la realidad en su propio beneficio (Doyharzábal, 2017).
Interpretación grafonómica. Escritura complicada constituida por trazos innecesarios que no están en el modelo gráfico. Óvalos con bucles o con varios cierres.

INTOLERANCIA. Incapacidad de aceptar las opiniones o ideas de los demás que no coinciden con las propias (RAE, 2014).
Interpretación grafonómica. Escritura bien presionada, angulosa (como dientes de tiburón en las letras "m", "n", "ñ", "s"), margen izquierdo ensanchándose, margen derecho ausente, barra de la letra "t" colocada a la derecha sin separarse del eje o con golpe de látigo.

INTROVERTIDO. Que tiende a encerrarse en sí mismo y tiene dificultades para manifestar espontáneamente sus sentimientos y pensamientos (RAE, 2014). Persona muy reflexiva, callada, aislada y que le gusta estar sola, es tímida, observadora y se percata de los detalles. Insegura en su forma de ser y actuar.
Interpretación grafonómica. Escritura de pequeña a muy pequeña (de 2.5 mm o menor), cerrada, invertida, curva o redonda, regresiva, presión débil o suave; firma ilegible, pequeña envolvente, tachada o con demasiada rúbrica.

Intuitivo. Facultad de comprender las cosas instantáneamente, sin necesidad de razonamiento. Está relacionada con la percepción inmediata de las cosas (RAE, 2014).
Interpretación grafonómica. Escritura con letras separadas, tamaño irregular, presión ligera, desligada (si la escritura es muy desligada, esta parecerá fragmentada o cortada), curva y con simplificaciones de rasgos, clara y con tildes terminadas en punta aguda; si la escritura es agrupada, las crestas o hampas estarán sobrealzadas y suelen ser irregulares o desiguales; dirección de las líneas horizontal o ascendente y velocidad de rápida a precipitada; la firma/rúbrica estará realizada en muchas veces.

Inventiva. Que tiene disposición o capacidad para crear e innovar (RAE, 2014).
Interpretación grafonómica. Escritura original, desligada, simplificada, espontaneidad en los trazos, distribución clara y proporcionada.

Investigación, para la. (Ver en habilidades y capacidades)

Ira. Furia o violencia. Repetición de actos de saña con enojo o venganza, en los cuales el estado de ánimo de enfado es muy violento en el que se pierde el control sobre sí mismo (Larousse, 2016).
Interpretación grafonómica. Trazo y rasgos muy angulosos sobre todo en los óvalos estrechos, finales muy remarcados, hampas sobrealzadas, presión fuerte y agitada; con dientes de tiburón en la firma y escritura.

Irracional. Incapacidad humana que inhabilita a los individuos para pensar, evaluar y actuar de acuerdo a ciertos principios coherentes.
Interpretación grafonómica. Escritura desorganizada, invertida, inconstante, con velocidad rápida, prevalencia en tamaño de la zona inferior, exageradamente inflada en el número "3".

Irreflexivo. Falto de reflexión. Pronto en respuestas sin calcular las consecuencias.

Interpretación grafonómica. La escritura asociada muestra mayúsculas ligadas a las minúsculas; letras imprecisas, precipitadas con correcciones; tildes en dirección ascendente y aparición frecuente de faltas de ortografía.

IRRESPETUOSO. Persona que no observa veneración, cortesía ni amabilidad.
Interpretación grafonómica. Ausencia de margen superior o margen superior pequeño; los óvalos presentan protuberancia en cuadrante inferior derecho y un rasgo envolvente en la zona de cierre; trazos angulosos.

IRRESPONSABILIDAD. Cualidad negativa de la personalidad, que conlleva a actuar sin pensar en las consecuencias, así como a no cumplir con sus compromisos y obligaciones.
Interpretación grafonómica. Trazos y rasgos con finales filiformes intencionales en una escritura ilegible y poco clara, de velocidad lenta, con deformación de las letras; exagerado espacio entre palabras y entre renglones y trazos finales regresivos; margen derecho grande e izquierdo pequeño; firma ilegible y tachada.

J

JUICIO. Concepto o parecer que se tiene de alguna cosa. Facultad para obrar con sensatez, con entendimiento y prudencia.
Interpretación grafonómica. Escritura clara, legible sobre todo en los signos de puntuación, tildes y barras de la letra "t".

---CRÍTICO. Juzgar las cosas en los principios de la ciencia o en las reglas del arte. Censurar, notar las acciones o conducta de alguien (Segura, 2014).
Interpretación grafonómica. Escritura original, armoniosa, clara, con finales de palabra cortos y buena colocación de signos de puntuación.

---**ESCÉPTICO, INCRÉDULO.** Que no cree y duda de la verdad de las creencias normalmente aceptadas.
Interpretación grafonómica. Escritura decreciente, angulosa y con finales de palabra dirigidos hacia abajo en vertical.

L

Lealtad. Cumplimiento de lo que exigen las leyes de lo moral y del honor (RAE, 2014) para no engañar, traicionar o faltar a los que por razón del compromiso, parentesco, amistad o afinidad están obligados. Convicción y firmeza en las ideas de lo moral.
Interpretación grafonómica. Escritura bien hecha, proporcionada, vertical, trazos curvos, presión firme; óvalos cerrados a excepción de la zona inferior del lado izquierdo de dichos óvalos; márgenes normales.

Lentitud. Tardanza con la que se ejecutan ciertas conductas o procesos mentales. Característica de la persona que todo lo toma con demasiada tranquilidad, sin prisa, incluso podría parecer que sin interés, tanto en lo laboral como en lo personal.
Interpretación grafonómica. Se plasman menos de 80 letras por minuto en el momento de escribir; deformaciones, lentitud y torpeza en los trazos (lentitud en la velocidad), ejecución complicada y monótona, escritura con ángulos o curvas, líneas descendentes, presión blanda y sucia; cifras mal hechas; margen derecho grande o muy grande.

Liberal. Dícese de una persona que acepta sin desagrado los cambios sociales evolutivos. Sin dificultad ni prejuicios modifica sus costumbres y tradiciones.
Interpretación grafonómica. Escritura inclinada hacia la derecha, de tamaño grande, original, presión fuerte o profunda, ejes de la letra "t" cóncavos hacia la derecha, margen derecho irregular (en zigzag).

Liderazgo. Condición de líder. Saber dirigir a los demás con

uso adecuado del poder. Capacidad en la persona para lograr armonía, homogeneidad de criterios y convencimiento para la búsqueda o realización de objetivos en común con otros, bajo su dirección u orientación.
Interpretación grafonómica. Escritura personalizada, con presión firme, dinámica, de angulosa a semiangulosa, de tamaño normal a grande, velocidad de rápida a precipitada, inclinación vertical o ligeramente hacia la derecha, extendida, enlaces en la parte superior (escritura ligada), agrupada, dirección horizontal o ascendente; trazos originales, barras de la letra "t" con una exagerada inclinación a la zona derecha del escrito y tilde de la mayúscula "T" alta; firma y rúbrica rápida y margen derecho pequeño.

LÓGICA. Razonamiento en el que las ideas o la sucesión de los hechos se manifiestan o se desarrollan de forma coherente y sin que haya contradicciones entre ellas (Türpe, 2018).
Interpretación grafonómica. (Ver en analítico)

LUCIDEZ. Cualidad de lúcido. Que hace o desempeña las cosas con libertad y conciencia.
Interpretación grafonómica. Escritura vertical, simplificada, con excelente concepto de la distribución del espacio y la proporcionalidad dentro del texto.

MADUREZ. Cualidad de buen juicio, prudencia y sensatez. Edad de la persona que ha alcanzado su plenitud vital y emocional, pero que aún no ha llegado a la vejez (RAE, 2014).
Interpretación grafonómica. Escritura organizada, limpia, vibrante, simplificada, original, ordenada, bien distribuida, equilibrada (proporción entre pies, crestas y cuerpo central, así como entre mayúsculas y minúsculas) con presión normal o firme; trazado uniforme (pero no monótono); firma y rúbrica sencillas.

MAL GENIO, mal carácter. Susceptibilidad para enojarse o disgustarse por cosas y situaciones, generalmente irrelevantes, o de escasa trascendencia. Propensión más o menos constante a mostrarse con falta de complacencia.
---POR IMPACIENCIA. Desesperación o falta de tranquilidad por esperar que algo suceda.
Interpretación grafonómica. Finales largos en la letra "t", rapidez en la escritura y precipitaciones en los trazos por la velocidad; rúbrica proyectada (lanzada hacia la derecha) y puntos de la letra "i" en forma de acento o guion.
---POR PÉRDIDA DE CONTROL. Mal genio o mal carácter por falta de dominio o de control de las emociones.
Interpretación grafonómica. Excitabilidad en los trazos, presión firme y rasgos de maza en los finales de la letra "t"; escritura angulosa y aumento súbito de tamaño (esto se da solo durante la pérdida de control).

MAL HUMOR. (Ver en mal genio, mal carácter)

MALA FE. Malicia o maldad constante con que se hace algo, sabiendo que se obra premeditadamente y con intención de engaño.
Interpretación grafonómica. Escritura inacabada (se abrevian, omiten o se dejan palabras o letras sustituyéndolas por trazos filiformes o ilegibles), complicada, constituida por trazos innecesarios que no están en el modelo gráfico. Óvalos abiertos en la parte de abajo, en el centro.

MALDAD. Cualidad de malo. Acción mala e injusta (RAE, 2014). Placer al perjudicar y/o causar daño a otras personas. Tendencia a perjudicar, a veces, sin otro objetivo que satisfacer un instinto sádico de agresión. Crueldad, inclinación del ánimo a producir en los demás dolor o humillaciones morales (Alarcón, 2001).
Interpretación grafonómica. Escritura ilegible, presión pastosa, confusa, dextrógira, angulosa con terminación de las palabras en maza, así como también en las tildes de la letra "t" o bien, estas pueden ser con finales en punta; tamaño de las letras decreciente,

ganchos convergentes, puntos de la letra "i" bajos y con presión fuerte; rasgos de golpe de sable, látigo, de escorpión, diente de jabalí o garra de gato, óvalos con ángulo en la parte inferior; firma y rúbrica angulosa.

MALICIA. Intención encubierta con que se dice o hace una cosa para beneficiarse en algo o perjudicar a alguien (Larousse, 2016).
Interpretación grafonómica. Escritura angulosa, ascendente, de trazos rectos y distribución desordenada; barras de la letra "t" cortadas, letras de tamaño normal a grande y descuidadas; óvalos con ángulo en la base (parte inferior), puntos de la letra "i" bajos y margen izquierdo ausente; rúbrica con angulosidades o arpones o muy puntiagudas hacia la derecha o izquierda.

MALTRATADOR. El maltratador puede ser un hombre o una mujer con las siguientes características: son personas controladoras, con un bajo nivel de autoestima y que la suponen aumentar a medida que agreden a otras personas; baja capacidad para manejar sus emociones; poca empatía hacia los demás y baja tolerancia a la frustración. Generalmente son amables y encantadores con la mayoría de las personas, con excepción de su víctima. En algunos casos, ellos mismos han sido víctimas de malos tratos.
Interpretación grafonómica. Escritura fragmentada, inconstante en la dimensión de sus trazos, fluctuante, sin firmeza e insegura; letras que tienden a ser más altas que anchas y otras que se omiten, predominio de trazos acerados, finales en puntas agudas, tildes extensas, acentos rectos (como un guion); trazos en maza, barras de "t" inclinadas en ascenso y/o en distintas direcciones; invasión de espacios y presión gráfica desigual.

MALTRATADOR SEXUAL. Se utiliza para referirse tanto a los delincuentes sexuales potenciales como a los que tienen antecedentes por haber cometido delitos sexuales. Tienen tendencias activas y agresivas en el plano sexual y agudeza del instinto.
Interpretación grafonómica. Escritura complicada, trazos invasivos en zona superior e inferior, hampas y jambas que se enlazan (espa-

cios pequeños); letras con finales rectos y presionados, agresivos, horizontales, descendentes; barras de letras "t" prolongadas, puntiagudas y ascendentes, óvalos aplanados, margen izquierdo pequeño y derecho irregular; la jamba de la letra "g" supera más de tres veces el tamaño del óvalo, estampada con fuerte presión y ligada a la siguiente letra.

MALTRATO. Acción y efecto de maltratar o maltratarse. Comportamiento violento que causa daño físico o psíquico (Hernández, 2013).
Interpretación grafonómica. Trazos finales alargados hacia la zona inferior del escrito y con presión de muy tenue a leve, letra muy invertida, de tamaño de medio a pequeño, espacio amplio entre letras y palabras; los trazos se rompen como si se interrumpiera el acto de escribir; dirección descendente (dependiendo cuánto desciende se valorará si hay riesgo de suicidio).

---**INFANTIL.** Sujeto activo: persona que realiza la acción de abuso sexual, físico o emocional y cuya víctima es un niño.
Interpretación grafonómica. Escritura complicada, trazos invasivos en zona superior e inferior, hampas y jambas que se enlazan (espacios pequeños); letras con finales rectos y presionados, agresivos, horizontales, descendentes; óvalos aplanados, margen izquierdo pequeño y derecho irregular, barras de letras "t" prolongadas, puntiagudas y ascendentes; la jamba de la letra "g" supera más de tres veces el tamaño del óvalo, estampada con fuerte presión y ligada a la siguiente letra.

MANÍA. (Ver en desorden mental)

MANÍACO. (Ver en desorden mental)

MANÍACO-DEPRESIVO. (Ver en desorden mental)

MANIPULACIÓN. Acción y efecto de manipular. Diversas formas de influenciar. Habilidad para engañar, influir e inducir a los demás

con la intención de obtener un beneficio propio o ventaja directa o indirecta.
Interpretación grafonómica. Escritura anillada con florituras exageradas, marcadas diferencias entre la letra de la firma y la letra habitual de la escritura que indica contradicción entre lo que se es y el modo en que se desea ser visto, tanto en el terreno privado como en el profesional; firma ilegible conformada por bucles.

MASCULINIDAD, virilidad. Cualidad de masculino. Exacerbación de cualidades y caracteres propios del varón.
Interpretación grafonómica. Escritura con regularidad, presión fuerte y constante; letra "g" con buena proporción no menor al modelo caligráfico.

MATERIALISMO. Tendencia a dar importancia primordial a los intereses u objetos materiales (RAE, 2014).
Interpretación grafonómica. Escritura complicada, estrecha, presencia de bucles, ganchos iniciales y finales de las mayúsculas prolongados hacia abajo y número "6" con trazo descendente.

MEDIOCRIDAD. Cualidad de mediocre. De poco mérito (RAE, 2014). Desinterés e incapacidad de la persona en lograr su propia superación.
Interpretación grafonómica. Escritura plenamente inarmónica, barroca, estereotipada, con adornos excesivos, ausencia de originalidad, muchas veces exagerada.

MEGALOMANÍA. (Ver en desorden mental)

MELANCOLÍA. Estado anímico temporal de tristeza y desinterés que surge por causas físicas o emocionales (Morales, 2017), por lo general de leve importancia y duración.
Interpretación grafonómica. Ver nostalgia.

MENTIR, mentiroso. Expresión o manifestación contraria a lo que se sabe, se cree o se piensa (RAE, 2014). Fanfarronería, falsedad, exageración, necesidad por desvirtuar la verdad por diversas razones. La mentira es un fenómeno recurrente en el ser humano, ya que todos, en un menor o mayor grado mentimos. La diferencia del mentiroso con el mitómano, radica en que este lo hace por causa de una afección mental, siendo recurrente su mentira y no por justificar, por ceder, quedar bien o por inexactitud. El mentiroso lo hace motivado no de forma recurrente, sino por una consecuencia eventual que en ese momento lo conlleva a la acción.

Interpretación grafonómica. Exageraciones dentro del escrito de todo tipo, tal como escritura variable en tamaño y forma; líneas sinuosas, escritura inflada, adornada, gariboleada, con ampulaciones (letras infladas), presión ligera; la letra "s" se cae de la base del renglón, formando un rasgo de la cola de zorro; letra "p" se ve como si fuera un número 12 (separado el óvalo del palote); óvalos abiertos en la base (zona inferior en el centro); firma ilegible y rúbrica muy gariboleada (adornada).

---PARA EXAGERAR. Mentir por fanfarronería.
Interpretación grafonómica. Escritura con letras muy hinchadas, demasiado ampulosas, mayúsculas exageradamente grandes; firma muy grande e ilegible con rúbrica complicada.

---POR APASIONAMIENTO. Desvirtualización de la realidad con un trato condescendiente en la comunicación hacia una persona querida o admirada para evitarle sufrimiento, malestar, tristeza y desilusión.
Interpretación grafonómica. Rasgos regresivos, presión firme, escritura que tiende exageradamente a la derecha.

---POR NO QUEDAR MAL ANTE OTRA PERSONA. Se miente para no quedar mal o por no hacer sentir mal con actos o por lo que se dijo a los demás, no siendo mentiroso habitualmente.
Interpretación grafonómica. Escritura angulosa con letras hinchadas, ampulosas (infladas); mayúsculas muy grandes que contrastan con minúsculas pequeñas. Firma ilegible y muy grande con rúbrica complicada. Rasgos cambiantes principalmente en las letras "t", "i", "m", "n" y en las jambas de letras (zona inferior).

---POR INEXACTITUD O EQUIVOCACIÓN. Mentir por un dicho o

afirmación que no se ajusta totalmente a la verdad por un error.
Interpretación grafonómica. Letras mal terminadas o imprecisas, márgenes irregulares, frecuente falta de puntuación y tildes.

MESURA. Contención o freno en la conducta de forma prudente y oportuna. Moderación en el ánimo, en las pasiones y en los placeres de los sentidos.
Interpretación grafonómica. Velocidad inferior a 80 letras por minuto, trazos bien hechos con buena proporción en tamaño y legibilidad dentro del texto.

MIEDO. Perturbación con angustia del ánimo por un riesgo o daño real o imaginario. Recelo o aprensión de que a alguien le suceda algo contrario a lo que desea (RAE, 2014).
Interpretación grafonómica. Presión media a leve, poco espacio de separación entre letras y palabras, trazos que se rompen (como si se interrumpiera el acto de escribir), dirección en base del renglón descendente y margen derecho grande o muy grande.

---A DECEPCIONAR. Hacer que una persona pierda la ilusión en algo al ver que no es como esperaba que fuese.
Interpretación grafonómica. Tamaño pequeño de la escritura, presión suave, con bajo relieve, tensión floja; barras de la letra "t" cortas y/o anticipadas o barras bajas y/o adelgazadas o/y descendentes, palotes de las letras adelgazándose; óvalos con ángulo y doblemente pinchados; firma con trazos que la atraviesan.
---A LA RESPONSABILIDAD. Incapacidad, duda, inexperiencia y falta de voluntad de una persona para cumplir con una obligación, compromiso o tarea asignada de forma voluntaria u obligatoria.
Interpretación grafonómica. Pueden darse los dos extremos: letra muy esmerada, caligráfica, infantil, o una escritura desordenada en todos los géneros. Espacio amplio entre palabras y entre renglones o todo lo contrario: demasiado estrecho. Ejes que giran hacia la izquierda, trazos finales regresivos, margen derecho grande e izquierdo pequeño; firma ilegible, filiforme,

envolvente y emplazada a la izquierda.

---A SER QUERIDO O AMADO. Sentimiento de desconfianza por situaciones que dañaron la integridad emocional de la persona, por situaciones relacionadas con el amor.
Interpretación grafonómica. Inclinación hacia la izquierda, coligamentos (enlaces de letras y palabras) muy cortos o inexistentes; margen derecho creciente y margen izquierdo decreciente a medida que avanza el escrito, tendencia a la micrografía; espacio entre letras pequeño y grande entre palabras.

MIMO E ILUSIONISTA, para ser. (Ver en habilidades y capacidades)

MISTICISMO. Consiste en la unión o el contacto del alma con la divinidad. Estado de las personas dedicadas a lo espiritual (Larousse, 2009).
Interpretación grafonómica. Trazado muy fino y escritura movida; puntos de la letra "i" altos, letra "p" y "g" que ascienden, letra "t" muy alta, zona media normal, óvalo pequeño; presión débil en la letra "g", su jamba es corta y más estrecha.

MITOMANÍA, mitómano. (Ver en desorden mental)

MODERACIÓN, moderador. Acción y efecto de moderar. Capacidad para equilibrar diálogos, opiniones o intereses entre dos o más personas, o bien, en uno mismo.
Interpretación grafonómica. Escritura organizada, trazado uniforme y regular, presión regular; firma y rúbrica sencillas.

MODESTIA. Cualidad de humilde. Falta de engreimiento o de vanidad por la posesión de virtudes, habilidades o recursos materiales.
Interpretación grafonómica. Escritura simplificada, sobrealzada, trazos curvos y tamaño pequeño; letras mayúsculas también pequeñas cuya altura apenas excede la de las minúsculas; firma y rúbrica de tamaño mediano a pequeño.

MORDAZ. Que murmura o critica con actitud maliciosa, no caren-

tes de ingenio (RAE, 2014).
Interpretación grafonómica. Escritura rítmica, trazado recto en las letras, puntas hacia la derecha y abajo; finales proyectados en aguja, torsiones en crestas y látigos o sables en las barras de la "t" principalmente; palabras separadas en el límite máximo de lo normal y estas van en disminución.

N

NARCISISMO. (Ver en desorden mental)

NATURALIDAD. Cualidad de natural. Espontaneidad y sencillez en el trato y modo de proceder (RAE, 2014).
Interpretación grafonómica. Escritura simple, clara, personalizada, de tamaño normal, con velocidad de normal a rápida, predominio de nexos en guirnalda y óvalos abiertos, trazo del número "7" simple.

NECESIDAD. Impulso irresistible que hace que las causas obren infaliblemente en cierto sentido. Aquello a lo cual es imposible sustraerse, faltar o resistir. Carencia de las cosas que son menester para la conservación de la vida (RAE, 2014).

---DE APOYO. Necesidad de ayuda, protección o confianza que se requiere de los demás.
Interpretación grafonómica. Escritura irregular (desigual), regresiva, poco presionada, sucia, descendente, temblorosa y torsionada (trazos torcidos); firma de letras menores al texto y rúbrica envolvente o tachando la firma.
---DE LLAMAR LA ATENCIÓN. Necesidad de despertar el interés o la curiosidad de los demás.
Interpretación grafonómica. Escritura complicada, redonda, constituida por trazos innecesarios que no están en el modelo gráfico; mayúsculas grandes; firma complicada y rúbrica grande.
---DE RECONOCIMIENTO. Necesidad de obtener aprecio o reco-

nocimiento de los demás.
Interpretación grafonómica. Escritura sobrealzada, agitada (velocidad precipitada), mezclando mayúsculas y minúsculas; rubrica subrayando el nombre, de mayor tamaño que él.

NEGLIGENCIA O DESCUIDO. Falta de cuidado o de interés para la realización de actividades o responsabilidades (Larousse, 2009).
Interpretación grafonómica. Letras poco claras, omitidas o equívocas, acompañadas de una ejecución lenta; ausencia de partes importantes de las letras, óvalos curvos, enlaces filiformes, finales de palabras inacabados y omisión de la barra de la letra "t".

NEGOCIOS, para los. (Ver en habilidades y capacidades)

NERVIOSISMO. Estado pasajero de excitación nerviosa (RAE, 2014). Estado de desequilibrio leve del sistema nervioso, ansia caracterizada por excitabilidad (Consuegra, 2010).
Interpretación grafonómica. Presión irregular (espasmódica) con cambios bruscos de intensidad, velocidad rápida y variación en el tamaño de las letras; sinuosidad en los renglones, retoques sin mejora (enmiendas) que a menudo se encuentran en la zona superior; repetidos inicios de una letra, puntos de la letra "i" irregulares y fuera de su posición.

NEURASTENIA. (Ver en desorden mental)

NEUROSIS. (Ver en desorden mental)

NEUROSIS OBSESIVA. (Ver en desorden mental)

NOSTALGIA. Perteneciente o relativa a la nostalgia. Tristeza, desgano y melancolía por recuerdos o añoranzas.
Interpretación grafonómica. Escritura caligráfica, trazos muy ligeros con ausencia de presión, dirección descendente en la base del renglón, rasgos regresivos con trazos iniciales largos y margen izquierdo reducido; número "9" con jamba desviada a la derecha.

O

OBEDIENTE. Que obedece. Propenso a obedecer (RAE, 2014). Que sigue y ejecuta las instrucciones o normas que se le dictan.
Interpretación grafonómica. Escritura curva o con trazos redondos y presión escasa (blanda); ausencia de rasgos hacia arriba-derecha; barras de la "t" bajas y muy gruesas; puntos de la letra "i" también bajos y débilmente marcados.

OBJETIVIDAD. Cualidad de objetivo. Perteneciente o relativa al objeto en sí mismo, con independencia de la propia manera de pensar o de sentir. Apreciar y juzgar los hechos con claridad (RAE, 2014).
Interpretación grafonómica. Escritura vertical, angulosa, clara, sencilla, legible, armónica, precisa, organizada, de tamaño de normal a grande, óvalos regulares (iguales) y sencillos. Letra agrupada, sobria y pausada.

OBSERVACIÓN. Acción y efecto de observar. Mirar con atención y recato (RAE, 2014). Facilidad e interés para la captación de detalles del entorno.
Interpretación grafonómica. Escritura de muy pequeña a pequeña, sencilla, organizada, redondeada o poco angulosa, rápida, ordenada. Buen espacio entre líneas (difícilmente se tocan los renglones), márgenes cuidados y ordenados. Rasgos de las letras en punta y a la derecha.

>---A DETALLE. Acción y resultado de observar minuciosamente. La persona puede ver el detalle, pero no el conjunto global de las cosas o de una situación.
>*Interpretación grafonómica.* Escritura asociada, de muy pequeña a pequeña, sencilla, organizada, redondeada o poco angulosa, rápida, sobria, inclinada-vertical, pausada, precisa, ordenada

y limpia; márgenes proporcionados y bien cuidados y ordenados; rasgos de las letras en punta y a la derecha; signos de puntuación y puntos de la letra "i" bien colocados.

---GLOBAL. Acción y resultado de observar ampliamente, tomando en conjunto, sin separar las partes: visión global; análisis global. Persona que puede ver el conjunto global de las cosas o de una situación, pero no el detalle.
Interpretación grafonómica. Escritura extensa (predominio de negro sobre blanco), tamaño moderado (normal) o grande, inclinación vertical o progresiva, abierta a la derecha; señales de orden dentro del texto, buena ejecución en los trazos y separación de líneas y palabras.

OBSESIVO COMPULSIVO. (Ver en desorden mental)

OBSTINADO. Perseverante, tenaz. Persona que mantiene firme una postura sin considerar otra posibilidad.
Interpretación grafonómica. Escritura con rasgos hacia abajo y a la derecha. Barra de la letra "t" mirando hacia abajo o eje recto con base angulosa; óvalos angulosos, ganchos en los finales y torsión abierta hacia la derecha; rúbrica y puntos y/o acentos hacia abajo.

OLIGOFRÉNICO. (Ver en desorden mental)

OLVIDOS. Cesación de la memoria que se tenía. Descuido de algo que se debía tener presente (RAE, 2014). Fallos de memoria.
Interpretación grafonómica. Ausencia de partes importantes de las letras, tales como omisión frecuente de signos de puntuación, puntos altos en la letra "i" e irregulares en su situación, letra "t" sin barra (travesaño). Letras poco claras y equívocas.

OPORTUNISMO. Actitud que consiste en aprovechar al máximo y ventajosamente las circunstancias para obtener el mayor beneficio posible, sin tener en cuenta principios ni convicciones (Larousse, 2016).
Interpretación grafonómica. Escritura filiforme y dirección sinuosa

en base del renglón y muy irregular en cuanto a las letras (desigual); barra de la letra "t" con arpón final y óvalos complicados; firma ilegible y complicada.

Oposicionista. Persona que de manera recurrente toma y emite opiniones diferentes y opuestas a las de los demás, contradiciendo lo que sus interlocutores señalan o manifiestan, a veces por el simple gusto de llevar la contraria.
Interpretación grafonómica. Trazos de golpe de látigo o golpe de sable, torsión abierta y hacia la izquierda; acentos y barras de la letra "t" mirando hacia arriba (barra ascendente), mayúsculas en lugar de las minúsculas.

Optimismo, optimista. Propensión a ver y juzgar las cosas en su aspecto más favorable o positivo (RAE, 2014).
Interpretación grafonómica. Escritura con firmeza, armónica, curva, clara, sencilla, vibrante, progresiva, agrupada o ligada, presionada, organizada, ancha, de líneas ascendentes (no más de 5 grados) y con inclinación a la derecha. Trazado firme y ascenso súbito en algunas letras y puntos de la letra "i" sobrealzados.

Orden. Buena disposición de las cosas entre sí. Forma de estar colocadas las cosas adecuadamente, personas o hechos en un lugar, o de sucederse en el tiempo según un determinado criterio (EcuRed, s.f.).
Interpretación grafonómica. Escritura proporcionada, bien hecha, con orden en el texto, tamaño de normal a grande, márgenes ordenados, puntos y signos en general bien situados, así como la firma y la rúbrica colocadas en el centro de la página. Espacio normal entre palabra y palabra, correcta formación de letras, equilibrio en las tres zonas (superior, media e inferior) del escrito o texto; número "5" bien estructurado, óvalos regulares e iguales.

Organización, capacidad de. Cualidad para distribuir y aprovechar recursos y tiempo buscando obtener mejores resultados.
Interpretación grafonómica. Escritura vertical, dirección en la base

del renglón horizontal, bien hecha, ordenada, precisa, organizada, bien distribuida, armónica, controlada y regular; proporción y regularidad en los cuatro márgenes (ordenados y cuidados), buen sentido de la distribución y el espacio, gran precisión de detalles; nexos filiformes (en hilo) y, puntos en la letra "i" bien colocados; firma y rúbrica bien situadas en el texto, se rubrica antes de firmar.

ORGULLO. Arrogancia, vanidad y exceso de estimación propia que a veces es disimulable por nacer de causas nobles y virtuosas (RAE, 2001).
Interpretación grafonómica. Tamaño notable en las letras (letra grande a muy grande), mayor proporción del margen izquierdo del escrito, verticalidad en los trazos, barroquismo (decoración excesiva y recargada de adornos). Escritura simplificada, sobrealzada (hampas de tamaño notable), mayúsculas altas, margen inicial grande, letras de la firma de gran tamaño con relación al texto del escrito; primer arco o monte más alto de la letra "M", tildes (barras) de la letra "t" altas y largas y número "3" con trazo inicial adornado.

ORIENTACIÓN A RESULTADOS. Tendencia a concretar los resultados con altos niveles de calidad y rendimiento. Consiste en superar los estándares propios de excelencia, a veces poco a poco.
Interpretación grafonómica. Mayor ocupación de negro sobre blanco (papel ocupado); letras con formas concretas, simplificaciones, tamaño de pequeño a normal con finales controlados; separación normal entre líneas, escritura rebajada (hampas y jambas reducidas o muy cortas), inclinada hacia la derecha, ordenada dentro del texto, organizada, dirección horizontal o ascendente, presión firme. Dinamismo en el texto (buena habilidad escritural).

ORIENTACIÓN AL CLIENTE. Interés y actitud de ayudar al cliente, detectando y satisfaciendo sus necesidades.
Interpretación grafonómica. Escritura clara, progresiva, clara, ligada o agrupada, curva, con signos a la derecha y en guirnalda; margen derecho pequeño y dirección ascendente en la base al renglón; letras inclinadas.

ORIGINALIDAD. Cualidad de original. Expresión personalizada. Gusto o actitud por realizar las cosas de una forma diferente o distinta sin incurrir en algo negativo.
Interpretación grafonómica. Escritura agrupada, simplificada, ligada, estética, legible, combinada, hábilmente enlazada y con exceso de arcos (escritura en arcadas), en muchas ocasiones de estilo tipográfico. La firma suele ser poco habitual y se destaca por la carencia de trazos en ángulo. Márgenes encuadrados como en los libros.

PACIENCIA. Capacidad de padecer o soportar algo sin alterarse. Habilidad para hacer cosas pesadas o minuciosas. Facultad de saber esperar cuando algo se desea mucho (RAE, 2014).
Interpretación grafonómica. Escritura vertical, legible, de tamaño pequeño, precisa, presión normal, con velocidad de lenta a moderada, de formas redondeadas y curvilíneas, ligeramente inclinada a la derecha; con predominio de nexos en guirnalda y tildes de la letra "t" bien realizadas y centradas.

PARAFRENIA. (Ver en desorden mental)

PARANOIA. (Ver en desorden mental)

PÁRKINSON. (Ver en enfermedad física)

PASIÓN, apasionamiento. Sentimiento vehemente capaz de dominar la voluntad y perturbar la razón como el amor, el odio, los celos o la ira intensos. Sentimiento de amor vehemente, especialmente manifestado en el deseo sexual (Amato, 2016).
Interpretación grafonómica. Escritura pastosa, con fuerte presión, de gran tamaño, con inclinación hacia la zona derecha del escrito y con óvalos irregulares/desiguales; la letra "g" se muestra ampulosa o inflada (dilatación de la jamba).

PEDANTERÍA. Dicho o hecho pedante. Se dice de una persona con esta característica que es engreída e inoportuna; hace vano alarde de erudición, la tenga o no en realidad (RAE, 2014); personalidad idealista.
Interpretación grafonómica. La escritura presenta finales de palabra y trazos descendentes muy marcados, comas colocadas correctamente, pero muy largas y espacio reducido entre líneas.

PENSAMIENTO INFANTIL, fantasioso. Personas que no ponen la debida seriedad a los aconteceres de la vida diaria y casi todo lo toman a broma o juego, incluso de forma fantasiosa o mágica.
Interpretación grafonómica. Escritura encumbrada (ejes más prolongados en zona superior) y de bucles superiores inflados; puntos de la letra "i" en forma de círculo, estrella, luna, flor, corazón, entre otras formas, rasgos angulosos en la zona superior de las letras "l", "d", "t", "f"; letras adosadas (poner una letra continua a la otra); palote de la letra "d" regresiva (hacia la izquierda).

PERCUSIONISTAS Y BATERISTAS, para ser. (Ver en habilidades y capacidades)

PEREZA. Negligencia. Tedio o descuido en las cosas a que estamos obligados. Flojedad, tardanza en las acciones o movimientos (RAE, 2014). El sujeto que tiene esta característica se muestra inactivo, indolente, ocioso y descuida o retrasa sus deberes y obligaciones.
Interpretación grafonómica. Escritura sucia, contenida, inacabada, con presión blanda y palabras no terminadas (inacabadas), signos de puntuación descuidados y dirección descendente; lentitud, torpeza y deformaciones en los trazos; cifras mal hechas y con lentitud; margen inferior ausente y letra "t" sin barra.

PERFECCIONISTA. Dicho de una persona que tiende al perfeccionismo. Evita errores y mantiene patrones de calidad. Cuida los pequeños detalles en todo lo que realiza.
Interpretación grafonómica. Escritura acabada, ordenada, organizada, precisa, legible, armónica y uniforme con algunos retoques.

Óvalos muy abiertos por arriba en el centro.

> ---**EN EL TRABAJO.** Persona que tiende a mejorar minuciosamente o con detalle su trabajo.
> *Interpretación grafonómica.* Escritura bien hecha, organizada, pequeña y precisa.

PERPLEJIDAD. Irresolución, confusión, duda de lo que se debe hacer en algo (RAE, 2014). Asombro o confusión que se siente cuando no se sabe cómo reaccionar en una situación determinada.
Interpretación grafonómica. Torsiones y estrechamiento en la zona superior de las letras.

PERSISTENCIA. Capacidad para no detenerse en lo que se inicia y continuarlo aun con dificultades.
Interpretación grafonómica. Escritura legible, dirección horizontal o ascendente, con inclinación a la derecha, enlaces o uniones (coligamento en letras o palabras), presión de firme a fuerte, velocidad rápida; barras de la letra "t" con arpón inicial o eje o travesaño (barra) recto con la base angulosa o ligada a la letra siguiente o barra colocada a la derecha sin separarse del eje (pospuesta). Puntos de la letra "i" adelantados, óvalos regulares e iguales.

PERSONALIDAD. Este término suele usarse de dos formas semejantes, pero con diferencias profundas, la primera se define como conjunto de rasgos y cualidades que configuran la manera de ser de una persona que la hace ser distinta o diferente de los demás; la segunda, es el conjunto de cualidades propias que condensan elementos psicológicos, biológicos y socioculturales que forman un todo, tanto propio e individual que modulan su comportamiento. También podemos señalar que la personalidad es la suma del carácter y el temperamento, entendiendo por carácter a la forma individual que el componente afectivo-dinámico del comportamiento adopta en la persona (fenotipo; factor socio-económico de un individuo, que constantemente va cambiando y modificándose). El carácter implica rasgos tal como aparecen en el fenotipo, es decir, en el individuo, tal como se construye, progresivamente, bajo la influencia combinada de los factores hereditarios y de la acción de la experiencia personal y del medio. Por el contrario, temperamento, es el componente fisiológico y, en gran parte, estable y hereditario, de los rasgos afectivo-dinámicos (genotipo; factor que proviene de la herencia, de los genes que no cambian aunque se deseé, ya que el temperamento es un componente heredado, bastante fijo).

---COMPLICADA. Persona cuyo carácter y conducta no son fáciles de entender ni sobrellevar.
Interpretación grafonómica. Escritura que utiliza más elementos gráficos de los necesarios; firma ilegible, rúbrica grande y complicada.
---DOBLE. Ver en desorden mental.
---ECONÓMICA. Habilidad para la administración y buen manejo de los recursos.
Interpretación grafonómica. Escritura compacta, de muy pequeña a pequeña, distribución concentrada entre líneas (renglones), semiangulosa o semirredondeada en la que sobresalen las jambas, exceso de orden; márgenes pequeños, colocación cuidadosa y ordenada de puntos y signos; número "2" con trazo inicial en forma de espiral y número "4" en forma de triángulo; rúbrica envolvente también conocida como "de huevo materno".
---ESTÉTICA. Se divide en visual o auditiva. Las actividades profesionales a las que se dedican los que tienen este tipo de personalidad son: poesía, música o artes, diseño de imagen, entre otras.
Interpretación grafonómica.
Visual. Escritura original, bien realizada (con esmero, dosis de belleza), de tamaño grande; letras rectas o escritura inclinada hacia la derecha, en relieve (unas letras más anchas y otras más estrechas), trazos curvos; firma también con predominio de curvas.
Auditiva. Escritura vibrante, irregular, velocidad rápida y/o variable, tamaño de pequeña a normal y con presión de fina a ligera (no tan apoyada), puntos más arriba de lo normal no tan apoyados.

---OCULTA. La ocultación de la verdadera personalidad con la intención de esconder o encubrirse que puede estar originada por sentimientos de culpa, inadaptación o inseguridad.
Interpretación grafonómica. Escritura suspendida donde algunas letras se interrumpen antes de tomar contacto con la base de la línea media. Enrollamientos, letras complicadas (no auténticamente caligráficas), rotas, quebradas o fragmentadas, rasgos de garras de gato en la escritura; óvalos cerrados por la parte de abajo, o bien, en la base o abiertos por la izquierda o bucle del óvalo a la derecha (enlace con la letra siguiente).
---POLÍTICA. Habilidad o diplomacia para tratar un asunto y conseguir un determinado fin (RAE, 2014), tanto en el ámbito personal como institucional.
Interpretación grafonómica. Escritura filiforme o en hilo, ascendente, hacia la derecha, sinuosa o serpentina, de velocidad rápida, con exceso de arcos (escritura en arcadas), ángulos bien marcados y óvalos dobles; las barras de las letras "t" son altas, firmes, fuertes y equilibradas; rúbrica envolvente, ascendente, ilegible, enmarañada.
---RELIGIOSA. Con especial interés en las cuestiones religiosas, del alma, su filosofía, principios y manera de vivir.
Interpretación grafonómica. Escritura de tamaño normal, muy clara y legible y con presión delicada, prevalecen las crestas y los pies, se destaca todo lo que sube: hampas y crestas; puntos de la letra "i" muy bien apoyados y con firmeza, la tilde de la letra "t" es firme; presenta letras que suben siendo bajas (están más altas que otras); firma vertical y ascendente.
---SOCIAL. Gusto y facilidad por establecer relaciones sociales en cualquier ámbito.
Interpretación grafonómica. Escritura legible y clara, suave (presión débil), de tamaño de normal a grande, progresiva, ligeramente hacia la derecha, en guirnalda o curva (no redondeada), rasgo de ala de gallina cubriendo a otras letras como la "r" o la letra "v"; trazos ligados o agrupados; los finales de la escritura serán largos y suaves (hacia adelante); margen izquierdo que se va ampliando (margen creciente) y/o margen derecho pequeño.

---TEÓRICA. Conocimiento especulativo, ideal, considerado con independencia de toda aplicación práctica (Larousse, 2016).
Interpretación grafonómica. Tamaño de la escritura de pequeña a normal, clara (legible), pareja, constante ya que tiene uniformidad entre los espacios y entre las palabras, mezcla de curvas y ángulos (trazos mixtos), inclinación vertical (recta) o ligeramente hacia la derecha; curvas enlazadas (uniones) en la parte superior, presión firme, continuidad ligada o semiligada o agrupada; los puntos de la letra "i" y "j" o signos de puntuación con orden; el escrito se da más en la zona superior.

PERSUASIVO. Facultad, virtud o eficacia para persuadir. Persona capaz de convencer a los demás; puede argumentar mintiendo por interés o por egocentrismo, posee un buen manejo de la intriga, puede embrollar las situaciones en su propio beneficio (Doyharzábal, 2017).
Interpretación grafonómica. Escritura progresiva, de normal a grande, dinamogeniada (escritura armónica), simplificada, ligada, rápida espaciada y espontánea, de trazos claros y legibles, con presión firme e inclinación dextrógira (a la derecha); predominio de nexos en guirnalda o forma curva o redonda, ausencia de rasgos convergentes y superfluos; margen izquierdo creciente, mayúsculas proporcionadas, enlaces en cada palabra con proporción a la separación entre palabra y líneas, agilidad en los trazos (buena habilidad escritural), dirección ascendente, ligada/agrupada, extendida; firma y rúbrica sencillas; firma que varía poco con respecto al texto.

PERTURBACIONES MENTALES. (Ver en desorden mental)

PESIMISTA. Tendencia a ver y juzgar las cosas por el lado más desfavorable o negativo.
Interpretación grafonómica. Escritura de tamaño normal a pequeño, con legibilidad de media a baja y presión de normal a débil, dirección descendente (descenso súbito), inclinación regresiva y desorganizada. Las líneas de los renglones caen al final y en otras ocasiones en algunas letras.

PLANEACIÓN ECONÓMICA. La facilidad que posee una persona para organizar, evaluar y calcular las proyecciones de todo lo referente al dinero o recursos materiales.
Interpretación grafonómica. Escritura de tamaño pequeño, con orden, mesura en la velocidad y presión de normal a fuerte; letras inclinadas o rectas, mayúscula separada de las demás letras y líneas condensadas; margen izquierdo pequeño y/o que se va estrechando.

POETAS Y ESCRITORES, para ser. (Ver en habilidades y capacidades)

POLÉMICO, polemista. Oposición al ambiente. Persona que le gusta llevar la contra por sistema. Voluntad más o menos firme.
Interpretación grafonómica. Mezcla de mayúsculas y minúsculas en el texto sin aplicar las reglas gramaticales relativas a su uso; los puntos de la letra "i" y de la letra "j" son como acentos; barras de la letra "t" puntiagudas descendentes.

POLÍTICO, orador, líder, conferencista de automotivación, para ser. (Ver en habilidades y capacidades)

POSESIVO. Perteneciente o relativo a la posesión. Dominante y absorbente en la relación con otra u otras personas (RAE, 2014).
Interpretación grafonómica. Presencia de rasgos de garras de gato, (son el gesto acaparador por excelencia) y de óvalos pequeños.

POSICIÓN SOCIAL, búsqueda de. Se considera digno de atención y se autorretrata con un aire de autoridad (Vels, 1983).
Interpretación grafonómica. Escritura con presión firme y con tamaño de normal a grande, escaso espacio entre palabra y palabra, mayúsculas más grandes y posiblemente más anchas en la zona superior.

POSITIVISMO. Tendencia a valorar preferentemente los aspectos materiales de la realidad. Actitud práctica (RAE, 2014).
Interpretación grafonómica. Jambas cortas más de lo normal, con algunos ganchos convergentes, hampas con rasgos más sobresalien-

tes como las letras "t", "f", "l", "h", "q", "p"; puntos de la letra "i" y barras de la letra "t" bajas.

PRÁCTICO. Que es muy útil. Se aplica a la persona que tiene experiencia y habilidad para hacer una cosa determinada y que tiene un concepto de la vida muy realista (Larousse, 2009).
Interpretación grafonómica. Escritura extendida, con simplificaciones, organización y presión firme, predominio de zona media y del ligado; puntos de la letra "i" bajos, jamba de la letra "g" corta, débil y truncada en el ascenso.

PRECIPITACIÓN. Prisa en la forma de actuar en la toma de decisiones sin la evaluación previa de alternativas o posibilidades (Larousse, 2016).
Interpretación grafonómica. Escritura filiforme o en hilo, ilegible, con agitación frenética y deformaciones graves en las letras y en los trazados (se hacen rayas en lugar de letras). Se plasman más de 80 letras por minuto.

PREOCUPACIÓN. Extrema intranquilidad, ansiedad y nerviosismo que siente una persona (Larousse, 2016).
Interpretación grafonómica. Escritura de normal a pequeña, desigual, con presión débil y velocidad mesurada, ausencia de algunos signos de puntuación, márgenes pequeños y óvalos abiertos (aislamiento de óvalos cerrados).

>**---POR LOS DEMÁS.** Sentimiento de inquietud, temor o intranquilidad que se tiene por una o varias personas.
>*Interpretación grafonómica.* Escritura progresiva (inclinada hacia la derecha), espacio reducido entre palabra y palabra; rasgo de ala de gallina cubriendo a las demás letras, o bien, en rúbrica o en firma (esta última se sitúa a la derecha del escrito).

PRODIGALIDAD. Modo de comportarse de una persona el cual es derrochador o generoso. Gasto excesivo sin utilidad (Larousse, 2009).

Interpretación grafonómica. Escritura grande, con grandes espacios entre palabras y líneas; ocasionalmente presenta finales de palabra con prolongaciones horizontales; margen izquierdo muy ancho (márgenes amplios).

PRODUCTIVO. Que tiene virtud de producir. Que es útil o provechoso (RAE, 2014).
Interpretación grafonómica. Escritura organizada, ordenada, simplificada, rebajada y de tamaño de pequeña a normal, presión firme, con progresiones, dirección horizontal o ascendente y finales tasados. Predominio del negro sobre blanco (papel ocupado), con formas concretas en las letras, separación normal entre líneas (renglones) y dinamismo en el texto (buena habilidad escritural en la velocidad).

PROMISCUIDAD. Comportamiento sexual poco estable con distintas o múltiples personas (RAE, 2014).
Interpretación grafonómica. Desproporción entre minúsculas y mayúsculas (demasiado grandes con referencia entre una y otra letra), estas últimas con exageraciones y adornos en la parte superior e inferior. Finales de letras muy largos, óvalo de la letra "g" muy grande y su parte inferior ampulosa y grande.

PROTAGONISMO. Deseo de ser importante y causante de la realización exitosa de las cosas o proyectos, estar a toda costa en primer plano de alguna actividad. Actitudes vanidosas y con dificultades para la autocrítica (Larousse, 2009).
Interpretación grafonómica. Zona media muy grande o mayúsculas desproporcionadas. Firma de mayor dimensión que el texto de la carta, rúbrica gariboleada, complicada y de tamaño grande.

PRUDENCIA. Templanza, cautela, moderación, sensatez, buen juicio. Discernimiento que inclina el ánimo a ser previsor y tomar precauciones antes de decidir la acción.
Interpretación grafonómica. Escritura de pequeña a normal, vertical (recta), sin inclinaciones, gladiolada (decreciente) o en arcadas,

nivel de velocidad bajo (velocidad mesurada); óvalos cerrados por arriba o por la derecha; margen derecho regular o de mayor amplitud que el izquierdo.

Psicopatía. (Ver en desorden mental)

Puntualidad. Cualidad que tienen las personas de hacer una cosa a su debido tiempo (RAE, 2014).
Interpretación grafonómica. Escritura vertical, organizada precisa, bien distribuida, con regularidad, rasgos preparatorios y nexos en hilo; márgenes ordenados, cuidados y con proporción; firma y rúbrica bien situadas en el texto de la página, la rúbrica se antepone antes de firmar; letra estética, armoniosa, con gran precisión de detalles, líneas cuidadas y bien estructuradas (inclinación de las letras y dirección del renglón); puntos de la letra "i" bien colocados.

Racional. Perteneciente o relativo a la razón. Capacidad propiamente humana que permite que los individuos (con excepción de los incapaces o menores de edad) puedan pensar, analizar, evaluar y actuar de acuerdo a ciertos principios coherentes y consistentes para satisfacer algún objetivo o finalidad (Ucha, 2010).
Interpretación grafonómica. Escritura organizada, vertical (sin el menor grado de inclinación), constante, angulosa, con forma simplificada, presión firme, trazos bien cuidados, finales cortos y velocidad lenta; puntos y barras bien centradas, con mesura en la ejecución; margen en línea hacia la izquierda y firma en el centro del texto.

Rapidez. Capacidad de realizar cosas o pensamientos en un tiempo mucho menor al comúnmente establecido.
Interpretación grafonómica. Ritmo y rapidez de trazos, agilidad en los movimientos que se observa en las letras por minuto (80 – 200).

Escritura progresiva, legible, con simplificaciones, predominio de ligaduras entre letra y letra, tamaño pequeño, barra de la letra "t" adelantada (separada del eje), ligada a las letras siguientes.

REALISTA. Que actúa con sentido práctico o trata de ajustarse a la realidad (RAE, 2014). Tendencia de una persona a dar preferencia a la realidad objetiva del mundo exterior.
Interpretación grafonómica. Predominio de la zona inferior del texto; escritura presionada, regular y proporcionada, con muy poco nivel de improvisación; puntos de la "i" y barras de la "t" bajos.

REALIZACIÓN DE OBJETIVOS. Desarrollo completo de las aspiraciones, posibilidades o deseos de una persona y la satisfacción consiguiente de haber conseguido una meta.
Interpretación grafonómica. Escritura legible, ascendente, dinámica, simplificada y extendida, ligada o agrupada, curva o mixta, con inclinación a la derecha y trazos filiformes o en hilo; barra de la letra "t" con arpón hacia abajo.

REBELDE. Que faltando a la obediencia debida se subleva y no cede a la razón (RAE, 2001).
Interpretación grafonómica. La distribución de la masa escrita en la página es caótica. Escritura angulosa, presionada hacia la izquierda (regresiva) y con rasgos hacia arriba; subrayado innecesario (en especial en escrituras con una presión fuerte), margen inferior ausente y puntos de la letra "i" omitidos.

REFLEXIÓN. Acción y efecto de reflexionar. Consideración obtenida del análisis de los aspectos cuantitativos y cualitativos de las cosas, en relación con las consecuencias que pueden derivarse de un modo de pensar, sentir o actuar inadecuado.
Interpretación grafonómica. Escritura pequeña, tipográfica, pausada, agrupada, concentrada, con dirección horizontal, precisión en los trazos y letras, barra de la letra "t" bien centrada. Las letras iniciales de algunas palabras aparecen desligadas de la siguiente.

---, **EXCESO DE.** Pensamiento exagerado y reiterado de una cosa

con detenimiento y cuidado.
Interpretación grafonómica. Letra "t" retrasada sin separarse de su eje.

RELACIÓN, capacidad de relacionarse. Exposición que se hace de un hecho. Conexión, correspondencia de algo con otra cosa. Conexión, correspondencia, trato, comunicación de alguien con otra persona (RAE, 2014).

---INTERPERSONAL. Es aquella que se da recíprocamente entre dos personas. Es aquella en la cual un individuo interactúa con otro y, por tanto, entra en su vida al mismo tiempo que deja que esa otra persona entre en la suya.
Interpretación grafonómica. Escritura fluida, agrupada, simplificada redonda, dextrógira, legible, clara, decreciente rápida, extensa y grande, abierta, ligada e inclinada; presenta ángulo suavizado, bucles, barras de "t" largas y firmes, dirección ascendente, finales largos y curvos, puntuación adelantada y acerados, guirnalda armónica y trazos filiformes en el conjunto positivo; letras más anchas que altas, óvalos abiertos a la derecha o arriba, hampas curvas a la derecha y generalmente más acentuadas que las jambas, margen derecho pequeño o ausente; firma a la derecha y sobria, moderadamente ondulada.
---INTRAPERSONAL. En la que la persona está en íntimo contacto consigo mismo en vez de abrirse hacia el mundo exterior. Es aquella en la que una persona establece una relación en su interior y que tienen como objetivo fortalecer su YO individual.
Interpretación grafonómica. Escritura ordenada, clara, combinada, legible, cuidada, decreciente, fluida, simplificada, aireada, clara, ligada y sin rigidez, con velocidad moderada o pausada, de tamaño pequeño o medio (máximo de 3.5 mm). Ambiente gráfico positivo, puede haber variedad en la inclinación de las letras. Mayúscula separada de la letra siguiente, puntuación alta y pequeña.

RENCOR. Resentimiento arraigado que no se olvida (RAE, 2014).

Interpretación grafonómica. Escritura angulosa, contenida, lenta y monótona; óvalos estrechos en sentido vertical o/y óvalos con ángulo en la base (parte inferior); letras con rasgo de diente de jabalí.

RENDIMIENTO. Atribuido a una persona que da resultados y beneficios en el buen aprovechamiento y mejora de su trabajo o actividad.
Interpretación grafonómica. Escritura organizada, simplificada, rebajada, ordenada, con progresiones, dirección horizontal o ascendente, presión firme, finales tasados y de tamaño normal a pequeño. Negro sobre blanco (papel ocupado), formas concretas en las letras, separación entre líneas y dinamismo en el texto.

REPRESIÓN. Mecanismo esencial de la escisión originaria entre los sistemas consciente e inconsciente en el aparato psíquico (Laplanche y. Pontails, 2007) Moderación o freno de los impulsos o sentimientos considerados inconvenientes que se impone a sí misma una persona.
Interpretación grafonómica. Escritura caligráfica, redonda, con letras suspendidas y sin trazos finales que puede ser monótona; óvalos en sentido vertical, cerrados y estrechos; barras de la letra "t" bajas y algunas inexistentes; firma tachada.

RESENTIMIENTO. Antipatía hacia otra persona causante de un malestar o perjuicio (Larousse, 2016).
Interpretación grafonómica. Ángulos en la base de las letras, separación excesiva de palabras, escritura invertida, finales agudos con ganchos iniciales en las letras, óvalos angulosos en la parte inferior; rúbrica moderadamente angulosa.

RESERVADO. Cauteloso para no revelar lo que se sabe o se piensa. Que es cauteloso y no le gusta exteriorizar sus sentimientos.
Interpretación grafonómica. Escritura sobria, contenida, ligeramente apretada y de trazos curvos, inclinación regresiva o vertical; márgenes izquierdos pequeños o con progresión a disminuirlos y óvalos cerrados.

Resistente. Que resiste o es capaz de resistir. Capacidad de las personas para soportar física o anímicamente presiones o embates del exterior.
Interpretación grafonómica. Escritura redonda, presión fuerte y líneas ascendentes. Regularidad en el tamaño de las letras, barra de la letra "t" con arpón inicial.

Resolutivo. Se dice del orden o método en que se procede analíticamente (Larousse, 2016). Capacidad para decidirse y resolver interrogantes. Que es capaz de decidir o resolver un asunto rápidamente.
Interpretación grafonómica. Escritura dinámica, lanzada, de normal a grande, vertical o moderadamente inclinada hacia la derecha, con ritmo; velocidad de normal a rápida, presión de media a firme y dirección de la base del renglón ascendente; separación adecuada entre palabras, óvalos angulosos y agilidad en los trazos; la tilde de la "t" aparece delante de la letra, pero sin llegar a separarse de ella.

Respetuoso. Que observa veneración, cortesía y amabilidad (RAE, 2014).
Interpretación grafonómica. Letra estética, armoniosa, con gran precisión de detalles, puntos de la letra "i" bien colocados y líneas bien estructuradas, óvalos regulares/iguales; margen superior normal y márgenes cuidados en general.

Responsabilidad. Cualidad moral en las personas para cumplir con sus compromisos y obligaciones.
Interpretación grafonómica. Escritura con predominio de nexos en guirnalda, trazos curvos o redondos, inclinación hacia la derecha o vertical, dirección de la base del renglón en horizontal o moderadamente ascendente, presión firme, nutrida, tamaño de normal a grande y predominio del ligado sobre el desligado; barras de la letra "t" bien colocadas y estructuradas; firma sencilla.

---, **Rechazo a la.** Enfrentamiento, oposición, miedo, inexperiencia o falta de conocimiento para desempeñar funciones o encomiendas.

Interpretación grafonómica. Letra infantil; escritura con inclinación sinistrógira (escritura con inclinación hacia la izquierda), trazos finales retornantes, largos y en horizontal; mayúscula de imprenta desligada a la letra siguiente; letra "a" con trazo descendiendo a la zona inferior en maza.

ROBO. Conducta deshonesta que consiste en quitar a una o varias personas, o institución, algo que le pertenece con ánimo de apoderamiento por medio de la violencia, intimidación o descuido.
Interpretación grafonómica. Escritura de velocidad lenta, inclinación y dirección irregulares con finales filiformes; letras de formas diferentes, variadas e ilegibles, con rasgo de garra de gato; tanto en números como en letras, la parte inferior de los óvalos se presenta abierta en la base; óvalos de las letras con doble o triple vuelta; la letra "s" llega a caer de la caja del renglón al principio, mitad o final de la palabra; espirales al inicio y final de palabras; colocación de puntos de manera innecesaria donde no deben de ir en algunas letras o grupos de puntos innecesarios al final de la firma.

RUDEZA. Cualidad de rudo. Tosco, sin pulimento, naturalmente basto. Riguroso, violento, impetuoso. Que no se ajusta a las reglas del arte o buenos modales. Dicho de una persona que es descortés, áspera o grosera (RAE, 2014).
Interpretación grafonómica. Suciedad, manchones, tachones, empastamientos y acumulación de tinta en el papel dentro de un escrito; presión fuerte y poco sentido de la estética en la escritura.

S

SADOMASOQUISMO SEXUAL. Parafilia o comportamiento sexual en el que la persona experimenta excitación y satisfacción sexual mediante el sufrimiento físico o psíquico que inflige a otra persona o

que recibe de ella. En la persona prevalece alguno de los dos, ya sea el sadismo o el masoquismo, por lo que las características que más se presenten corresponderán a lo que predomine en su personalidad.
Interpretación grafonómica. Trazo superior de la letra "d" con presión gruesa. Rúbrica en ángulo agudo que apunta hacia la derecha.

Grafonomía del masoquismo. Espacio entre letras muy pequeño o inexistente; zona superior e inferior del texto empequeñeciéndose (decreciente o gladiolada); margen izquierdo pequeño o inexistente; letra "a" con rasgo de uña de gato o ángulo interno, barra o travesaño de la letra "t" descendente y puntiaguda.

Grafonomía del sadismo. Escritura con profusión de rasgos lanzados como puntas de espada hacia la derecha, normalmente es una escritura con predominio del ángulo, de presión fuerte, tamaño variado de letras, irregularidades en la inclinación, remarques de tinta en los rasgos verticales en donde se observa la imposición y el autoritarismo; gestos gráficos horizontales con tendencia a los finales y terminaciones en punta o arpón; la firma estará fuertemente protegida por una rúbrica envolvente.

SALUDABLE. Atribuible a una persona que goza de buena salud y tiene un aspecto sano tanto con un equilibrio emocional como psicológico.
Interpretación grafonómica. Escritura nítida, legible, clara, buena distancia entre palabras, líneas y letras sin choques de planos, trazos curvos, inclinación de las letras hacia la derecha o vertical, dirección de la base del renglón ascendente u horizontal, velocidad de rápida a precipitada, presión de media a fuerte. Existirá regularidad, proporción y un buen ritmo con un ambiente gráfico positivo con las ocho leyes grafológicas tales como el orden, velocidad, dirección, inclinación, presión, cohesión, dimensión, forma.

SEGURIDAD. Cualidad de seguro. Certeza, conocimiento seguro y claro de algo.
Interpretación grafonómica. Escritura grande, organizada, dinámica, vertical o inclinada, personalizada, con trazos sobrealzados, renglones horizontales o ascendentes, ligados altos y presión fuerte y firme;

puntos de la letra "i" bien marcados; firma igual o mayor que el texto y subrayada, de letras legibles, rúbrica sencilla o ausente.

---**EN SÍ MISMO.** Capacidad, seguridad y valoración suficiente sobre sí mismo.
Interpretación grafonómica. Escritura extendida, con rasgos progresivos, formas personalizadas y ligera inclinación a la derecha, de trazado fluido, dinámico y seguro; ascendencia ligera tanto en los renglones del texto como de la firma, esta última semejante a la escritura en forma y tamaño.

SENCILLEZ. Que no tiene artificio ni composición. Que carece de ostentación y adornos. En las personas, cualidad de modestia, sin ostentaciones materiales o intelectuales (RAE, 2014).
Interpretación grafonómica. Escritura simplificada, redondeada, progresiva, espontánea, ligada, espaciada y rápida; margen izquierdo creciente; enlaces de letras curvos, proporción en la separación entre palabra y líneas; número "7" con trazo simple; firma que varía poco con respecto al texto, rúbrica sencilla.

SENILIDAD o senectud. De los ancianos o la vejez o relativo a ello, detrimento de las funciones del cuerpo humano, por edad avanzada. Estado patológico de debilitamiento físico y mental que padecen algunas personas ancianas y que sobrepasa el grado de pérdida de facultades propio de la vejez (Huemán, 2018). En esta etapa son frecuentes los problemas circulatorios, avances de la arteriosclerosis, dolencias características como la demencia senil y arterioesclerótica.
Interpretación grafonómica. Letras más simplificadas, con algunos retoques para mejorar la legibilidad, temblor mixto en la mayor parte de la grafía (en algunos casos puede evidenciarse un incremento de la profundidad de la presión para evitar estos temblores); lentitud en la velocidad producida por la disminución de la coordinación motriz y cierta pérdida de la rapidez mental; olvidos ocasionales de algunos puntos en letras que los contienen; leve tendencia a la desorganización espacial; presencia de algunos cegamientos por disminución de la energía, con ciertas desigualdades de la profundidad, la

tensión el calibre y el relieve en la presión por una tendencia a la reducción de la eficiencia motora y la fuerza muscular; mayor tendencia a la angulosidad por pérdida de la flexibilidad muscular-motora; variaciones de la dimensión y leves alteraciones de la dirección.

SENSIBILIDAD. Facultad de sentir, propia de los seres animados. Propensión natural del hombre a dejarse llevar por los afectos de compasión, humanidad y ternura. Cualidad de las cosas sensibles (Larousse, 2009). Percepción clara del entorno.
Interpretación grafonómica. Escritura curva, regular, ligeramente dextrógira, con presión fuerte, inclinación variable o desigual e inclinación muy marcada a la derecha; trazos puntiagudos en los finales de palabras, hampas y/o jambas; ausencia de ganchos convergentes, puntos de la letra "i" altos y márgenes desproporcionados y oscilantes.

---CONTROLADA. Poder o dominio que tiene una persona sobre sus propios sentimientos, emociones o impulsos.
Interpretación grafonómica. Escritura de tamaño normal, inclinación vertical, dirección horizontal, sin rasgos iniciales y finales, presencia de espacios normales entre palabra y palabra; márgenes proporcionados y cuidados.

SENSUALIDAD. Propensión excesiva a los placeres de los sentidos (RAE, 2014). Cualidad de lo que tiene relación con las sensaciones, en especial con las que producen excitación sexual.
Interpretación grafonómica. Escritura en guirnaldas o de trazos redondos, presionada, pastosa (acumulación de tinta) y con presencia de formas de bucle, mayor dilatación o ampliación en la zona inferior de la letra "g" y en otras letras que contengan jambas o pies.

SENTIDO DEL HUMOR. Que se deja llevar por la posibilidad de sentir divertimento y alegría (Bembribre, 2009). Buen trato hacia los demás.
Interpretación grafonómica. Escritura de normal a grande, vertical o moderadamente inclinada hacia la derecha, con presión firme y

velocidad de normal a rápida; forma de letra ondulante y redondeada; óvalos regulares/iguales.

SENTIDO ESTÉTICO. Gusto por la armonía visual. Capacidad para percibir y apreciar lo que hay de bello en todo lo circundante y poder transmitirlo, interpretarlo, exteriorizarlo ya sea a través de la comunicación o el arte.
Interpretación grafonómica. La escritura asociada a este concepto es excesivamente cuidada, armónica, simple y huye de los adornos accidentales; las mayúsculas tienden a destacar por su tamaño y por ser tipográficas; presión fuerte, con adornos en las letras, márgenes regulares y pulcros, base de letras curvas. Mayúsculas tipográficas u originales con ausencia de rasgos ampulosos, algunas minúsculas también tipográficas; firma y letra del texto muy similares.

SENTIMIENTO. Emoción conceptualizada que determina el estado de ánimo de alguien, caracterizado por la impresión afectiva que le causa determinada persona, cosa, animal, recuerdo o situación en general (Babylon, s.f.).

---DE CULPA. Pena, remordimiento o preocupación, consecuencia de conductas o comentarios que uno considera que causaron un efecto negativo sobre otra persona.
Interpretación grafonómica. Escritura suspendida: podemos notar que algunas letras se interrumpen antes de tomar contacto con la base de la línea media. Presencia de retoques o correcciones intencionales y lentos, ilegibilidad por deformación de las letras.
---DE EXPANSIÓN. Acción de desahogar al exterior de un modo efusivo cualquier afecto, pensamientos o emoción (RAE, 2014).
Interpretación grafonómica. Óvalos abiertos, letras con inclinación hacia la derecha, escritura creciente, legible, grande, en guirnaldas, extensa, progresiva con finales largos y trazos curvos.
---DE INFERIORIDAD. Sentimiento de minusvalía o minimización que una persona siente sobre sí misma.
Interpretación grafonómica. Escritura de pequeña a muy pe-

queña, contenida, rebajada, descendente, letras invertidas hacia la izquierda, poco presionada; mayúsculas pequeñas y desiguales en tamaño; en la letra "M" mayúscula el primer arco es de menor tamaño que los otros arcos; hampas y jambas cortas; firma ilegible y rúbrica menor que el texto. Rúbrica tachando la firma o rúbrica envolvente.

---DE SUPERIORIDAD. Sentimiento de plusvalía o superioridad de aquellas cualidades en las que se sobresale.
Interpretación grafonómica. Escritura de grande a muy grande, personalizada con adornos y rasgos exagerados, espontánea, sobrealzada, con dirección en la base del renglón ascendente u horizontal, trazos bien presionados; mayúsculas más grandes de lo normal; letra "M" mayúscula principalmente el primer arco es mayor que los restantes; letra legible de la firma y de mayor tamaño que el texto de la carta; rúbrica y firma grande, complicada, adornada.

---DE PROFUNDIDAD. Extrema intensidad de emociones en la percepción y la transmisión.
Interpretación grafonómica. Escritura con simplificaciones, presión fuerte, trazos espontáneos y hacia abajo; mayúsculas de imprenta, punto de la letra "i" bajo y situado con precisión; barras de la letra "t" bien centradas pero bajas, crestas de las letras (hampas) altas y largas.

SEXUALIDAD. Conjunto de fenómenos emocionales de conducta y práctica asociadas a la búsqueda del placer sexual (EcuRed, s.f.) que marcan de manera decisiva al ser humano en todas y cada una de las fases determinantes de su desarrollo en lo personal y social.

---ELEVADA. Exacerbada manifestación de impulsos y comportamientos relacionados con la sexualidad y el placer.
Interpretación grafonómica. Escritura con velocidad rápida. Letra "g" en su zona inferior se presenta ampulosa (inflada) y la jamba no está truncada.

---NORMAL. Estándar general de conducta, gustos e impulsos relacionados con el placer y la sexualidad.

Interpretación grafonómica. Letra "g" bien ejecutada y zona inferior normal.

---, HIPER. Incremento y capacidad por encima del promedio de manifestación de impulsos relacionados con el placer y el sexo.
Interpretación grafonómica. Escritura con buena presión, pies de las letras amplias y redondeadas, letra "g" muy ampulosa, inflada en las jambas; firma y rúbrica de gran tamaño con mayor carga en la parte inferior.

SIMPATÍA. Inclinación afectiva entre personas, generalmente espontánea y mutua. Modo de ser y carácter de una persona que la hacen atractiva o agradable a las demás (RAE, 2014).
Interpretación grafonómica. Escritura de tamaño grande, ligada entre letra y letra, espontánea, pastosa, simplificada, progresiva, espaciada, rápida y con inclinación dextrógira; presenta trazos claros, legibles, curvos (predominio de nexos en guirnalda) o redondos (enlaces de letras curvos por la línea); ausencia de rasgos convergentes y superfluos; margen izquierdo creciente, mayúsculas proporcionadas, óvalos abiertos hacia la derecha; separación proporcional entre palabra y líneas; firma y rúbrica sencillas, varían poco con respecto al texto.

SINCERIDAD. Sencillez, veracidad. Modo de expresarse libre de fingimiento (RAE, 2014). Exposición real de los hechos (Alarcón, 2001).
Interpretación grafonómica. Escritura de tamaño normal, curva, ordenada, ancha, legible, simplificada, aireada, sin adornos, con presión alta, predominio de nexos en guirnaldas; márgenes cuidados, óvalos sencillos y ligeramente abiertos en la zona superior derecha; número "9" abierto por arriba. Contexto legible y claro, sin accidentes gráficos, tachaduras, enmendaduras, remarques o subrayados. Firma sencilla y libre sin rúbrica.

SÍNDROME DE INMUNODEFICIENCIA ADQUIRIDA (SIDA). (Ver en enfermedad física)

Soberbia. Sentimiento de superioridad frente a los demás que provoca un trato distante, despreciativo o humillante hacia otros (Larousse, 2016).
Interpretación grafonómica. Escritura excesivamente grande, caligráfica, personalizada, espontánea, sobrealzada, simplificada o complicada, con dirección en la base del renglón ascendente y trazos bien presionados; mayúsculas altas, separadas, de normal a grandes, tamaño uniforme, con bucles y adornos; número "3" con trazo inicial adornado, barra de la letra "t" alta, margen inicial grande; primer arco de la letra "M" mayúscula más alto; letra de la firma legible, de mayor tamaño que el texto de la carta; rúbrica pequeña, ausente y sencilla.

Sociable. Naturalmente inclinado al trato y relación con las personas y que gusta de ello de sobremanera (RAE, 2014).
Interpretación grafonómica. Escritura ligada, de tamaño de normal a grande, espontánea, de trazos curvos o redondos, dirección horizontal, inclinación a la derecha, velocidad rápida, presión de normal a fuerte, espacios reducidos o pequeños entre palabra y palabra.

Solitario. Dicho de una persona que no entabla amistades fácilmente y que gusta más de la soledad (Larousse, 2016).
Interpretación grafonómica. Escritura ligada, fragmentada, superficial, simplificada, tamaño de pequeña a muy pequeña, con óvalos cerrados, espacios intervocabulares grandes (espaciada); margen izquierdo pequeño o ausente, margen superior grande o exagerado, margen derecho creciente y margen inferior encuadrado como en los libros; travesaño o barra de la letra "t" retrasada y separada del eje. Mayor ocupación de texto en zona superior y media.

Solvencia. Cualidad de satisfacer, afrontar y cumplir compromisos adquiridos. Puede entenderse como característica de personas pagadoras y cumplidas (Larousse, 2016).
Interpretación grafonómica. Escritura de muy pequeña a pequeña, compacta, condensada, artificiosa, invertida y con velocidad lenta; distribución concentrada entre líneas (entre renglón y renglón); már-

genes pequeños, pero el izquierdo decreciente. Exceso de orden dentro del escrito.

    ---, SIN. Falta de compromiso para dar cumplimiento a las obligaciones monetarias y/o económicas.
    Interpretación grafonómica. Escritura extremadamente grande e inclinada hacia la derecha; texto desordenado, velocidad precipitada y con presión débil a media; margen izquierdo grande que va ensanchándose; mayúsculas unidas a la siguiente letra, espacios anchos entre palabra y palabra; números demasiado curvados.

SOMATIZACIÓN. Proceso por el que una afección psíquica se transforma en orgánica (Larousse, 2016). Es una respuesta fisiológica ante un suceso psicológico. En cierta manera, es una estrategia para dar sentido a un sufrimiento que en realidad es más emocional y psicológico que fisiológico (Glez, et al., 2018).
Interpretación grafonómica. Escritura grande y gruesa (empastada), con presión fuerte, velocidad mesurada o lenta y trazos angulosos.

SUBJETIVIDAD. Suele asociarse a la manera de pensar y sentir de una persona, que se experimenta internamente, en oposición a lo externo. De este modo, algo subjetivo no hace referencia directamente al objeto en sí, ya que está basado en la percepción de los sentidos y la valoración e interpretación que una persona le puede dar. Tendiente a lo subjetivo más que a lo objetivo (RAE, 2014).
Interpretación grafonómica. Escritura desordenada, agitada, de velocidad rápida a precipitada, presión normal a débil, con dirección horizontal en la base del renglón e inclinación variable en la escritura.

SUICIDIO. Acción de atentar en contra de la propia vida.
    ---, TENDENCIA AL. Propensión de una persona para atentar en contra de su vida.
    Interpretación grafonómica. Escritura regresiva, con presión espasmódica, puntas a la izquierda, retoques, tachaduras y enmiendas, torsiones en la grafía e inclinación variable en las letras (es-

critura desigual). Firma, rúbrica y líneas del renglón descendentes.

SUMISO. Que no opone resistencia y acepta fácilmente sin cuestionamientos ni reclamos.
Interpretación grafonómica. Escritura rebajada, inclinada a la derecha, con presión débil, predominio de curvas y óvalos estrechos en sentido horizontal; primer arco de la letra "M" mayúscula bajo; letra "r" baja de la caja del renglón y presión suave; barras de la letra "t" también bajas y muy gruesas; mayúsculas bajas (ya que están a la misma altura de las minúsculas); línea del renglón horizontal.

SUPERACIÓN DE OBSTÁCULOS. Acción de sobrepasar un límite o de vencer un obstáculo o una dificultad. Resultado de mejorar o de hacer mejor las cosas (Larousse, 2007).
Interpretación grafonómica. Escritura nutrida, de normal a grande, con predominio del ligado y presión firme; inclinación de las letras rectas (verticales) y líneas de la dirección de la base del renglón horizontales o ascendentes.

SUPERFICIAL. Cualidad de superficial. Sin solidez ni sustancia. Frívolo, sin fundamento (RAE, 2014). Examen de las cosas sin fijación en los detalles ni en lo importante (Alarcón, 2001).
Interpretación grafonómica. Escritura caracterizada por la desproporción en el tamaño de las letras, presión en los trazos débiles, variabilidad (irregularidades) y mayúsculas adornadas; trazos artificiosos y con formas sobrealzadas; punto de la letra "i" y barra de la letra "t" altas; pies (jambas) cortas, hampas sobrealzadas; márgenes desproporcionados. Complicaciones dentro del texto de todo tipo.

SUPERIORIDAD. Preeminencia, excelencia o ventaja sobre alguien o algo (RAE, 2014), en calidad, cantidad, rango o importancia.
Interpretación grafonómica. Escritura barroca, ornamentada (adornada), con presión de normal a fuerte, hampas y jambas largas; letras sobrealzadas (con hampas largas) y mayúsculas grandes. Firma proporcionalmente mayor que el texto.

Susceptibilidad. Cualidad de susceptible. Sensibilidad impresionable, fácilmente herible, puntillosa, propia del sujeto egocéntrico con un sentimiento inseguro del propio valer.
Interpretación grafonómica. Escritura monótona, grande, muy inclinada hacia la derecha, con presión espasmódica, variación en la velocidad de la letra y repasados (repeticiones o enmiendas de trazos ya hechos); punta final acerada en el número "9", óvalos angulosos y estrechos en sentido vertical y ganchos iniciales en los trazos.

T

Tacañería. Cualidad de tacaño. Miserable, ruin, mezquino (Larousse, 2009). Que le pesa gastar dinero en sí mismo o para otros.
Interpretación grafonómica. Ausencia total o parcial de márgenes en los escritos; trazos finales recortados, espacios entre letras, palabras y líneas muy pequeños; rasgos al final de las mayúsculas descendiendo en vertical (refleja codicia, preocupaciones o sobrevaloración del dinero).

Tacto. Prudencia para proceder en un asunto delicado (RAE, 2014). Tener la habilidad de comunicar un mensaje claramente sin ofender.
Interpretación grafonómica. Escritura semiangulosa o puede darse también escritura semirredondeada, vertical o inclinada a la izquierda; en los finales de las palabras se encuentran letras de mayor tamaño; óvalos cerrados y/o abiertos por la izquierda; sobresalen las jambas y rúbrica envolvente.

Talento. Dotes intelectuales o artísticas que resplandecen y resaltan en una persona. Capacidad para ejercer una cierta ocupación o para desempeñar una actividad (Sampedro, 2015).
Interpretación grafonómica. Escritura sobria, clara, ordenada, velocidad rápida con dirección de líneas sinuosas, letras desiguales, barras de la letra "t" terminadas en punta final y ojal de la letra "e"

minúscula cerrado.

TECNOLOGÍA, para la. (Ver en habilidades y capacidades)

TEMOR. Pasión del ánimo que hace huir o rehusar aquello que se considera dañoso, arriesgado o peligroso. Presunción o sospecha. Recelo de un daño futuro (RAE, 2014). Alejamiento del medio. *Interpretación grafonómica.* La escritura se va reduciendo y se nota suspendida: algunas letras se interrumpen antes de tomar contacto con la base de la línea media. Escritura estrecha, margen derecho amplio y punto de la letra "i" a la izquierda.

---A COMPROMETERSE AFECTIVAMENTE. Miedo o rechazo a tomar responsabilidades, compromisos o formalizar una relación amorosa, afectiva o emocional.
Interpretación grafonómica. Letra *script* o de imprenta, mayúscula desligada de la siguiente letra; letra "c" cerrada más de lo normal, con trazo inicial en espiral. Letra "a" en forma de "o"; letra "e" estrecha con accidentes gráficos; letras que no se unen a la letra siguiente: "d", "p" "g", "q" y "z".
---A HACER GASTOS. Miedo a usar y gastar el dinero para comprar o para obtener alguna cosa.
Interpretación grafonómica. Margen izquierdo ausente estrechándose. Número "8" con bucle iniciando con un punto.

TEMPERAMENTO. Manera de ser o de reaccionar de las personas. Peculiaridad e intensidad individual de los afectos psíquicos y de la estructura dominante de humor y motivación (Sgroi y Palasezze, 2019). Los médicos de la antigüedad como Hipócrates y el griego Galeno distinguían cuatro tipos de temperamento, considerados como emanación del alma por la interrelación de los diferentes humores del cuerpo (Molina y Batlle, s.f.); estos temperamentos tenían las siguientes características de personalidad:

---BILIOSO (colérico). Introvertido-no emotivo-activo-reflexivo-secundario.

Fortalezas: son personas independientes, individualistas, se atreven a decir y hacer muchas cosas, les encanta estar fuera de casa y con la gente. Todo el día quieren hacer actividades pues son muy inquietos, toman decisiones rápidamente, parece que lo ven todo. Son líderes y toman la iniciativa, encuentran oportunidades y dan opiniones casi de inmediato. Son altamente activos y mantienen a todos los demás que los rodean así. Observan a las personas y saben lo que pueden aprovechar de cada una de ellas y de las situaciones. Cuando están en junta de trabajo o de proyectos, en escasos segundos ya han tomado decisiones importantes que llevan a todos al éxito. Mueven al mundo con sus emociones. Son autosuficientes, mandones, directos, dedicados y entregados al trabajo (Fernández, 2013).

Debilidades: son personas rencorosas, si les has hecho algo que no les ha gustado, lo van a recordar y reprochar siempre. Son muy hirientes, egoístas, no cuidan los detalles, les interesa hacer cosas, pero no hacerlas bien y dejan muchos problemas a los demás. Buscan las relaciones principalmente para sacar algo de provecho y ventaja. Son demasiado impacientes, se apoderan y se aprovechan de los demás para conseguir lo que quieren. Son avariciosos, dominantes, autoritarios, crueles y hostiles (Fernández, 2013).

Interpretación grafonómica. Escritura de presión firme, agrupada, la velocidad podrá ser rápida o bien mesurada, con predominio a ser angulosa o semiangulosa o con arpones, la forma de su escritura "pincha" al igual que su mirada; letras gruesas, pesadas, firmes, elevadas, ligadas, lanzadas, su escritura puede ser vertical o ligeramente inclinada hacia la derecha (progresiva); el tamaño de las letras puede ser pequeño, decreciente dentro de la palabra; pueden darse mezclas en la forma de las letras; trazos rectos, el texto es concentrado y abundan las señales de orden; se acentúa la presión en sentido vertical; contexto concentrado, simplificado y sobrio; dirección: rectitud de línea con cierta rigidez; en la letra "i" los puntos están bien situados y con precisión, las barras de la "t" son cortas, altas y centradas y por encima del hampa; la firma es de pequeña a normal, con escasa rúbrica o sin esta, aparece situada en el centro de la hoja o ligeramente a la derecha del texto, con frecuencia es mediana o mayor que el texto lo que nos muestra intención de afirmación; márgenes ordenados y condensación de texto; existe regularidad y sobriedad en general en todos los géneros gráficos.

---**LINFÁTICO** (flemático). Introvertido-no emotivo-no activo-perceptivo-secundario.

Fortalezas: son personas a las que les agrada la soledad más que la compañía, son serias e introvertidas y buscan la fuerza interior. Son pacientes, necesitan más reflexión para entender qué está pasando. No son rencorosas, no recuerdan en lo absoluto nada de lo que les has hecho, pero tampoco recuerdan lo que te han hecho. Son la encarnación de la paz, la paciencia y la mediación. Saben encontrar la solución cuando parece que todo se derrumba. Tienen la capacidad de enfrentarse a cualquier situación, viendo todas las caras de la moneda. Son las más simpáticas, son las personas que necesitaríamos tener en todas las mesas y en todos los lugares para poder estar mejor. Son persistentes, conciliadoras, pacifistas, desinteresadas. Son personas dedicadas a otras. Son tranquilas, nunca pierden la compostura ni la calma y casi nunca se enojan. Es muy fácil trabajar con ellas, no le gusta llevarle la contraria a los demás, difícilmente discuten, a veces el problema puede ser que parecen desinteresadas. Te saben escuchar, son compasivas, tiernas, adaptables, despreocupadas y quietas (Fernández, 2013).

Debilidades: son personas indolentes, poco comprometidas, no se responsabilizan de las cosas, mienten para que la situación les favorezca. Se aíslan, viven en soledad. En ciertos momentos, para no tomar una decisión dejan que las cosas y los problemas se sumen, no dirigen proyectos para no comprometerse y evitar conflictos. Lo más importante: no les gusta trabajar demasiado. No les importa que el mundo ruede y en ocasiones son un poco flojas, y dormilonas (Fernández, 2013).

Interpretación grafonómica. Escritura desligada o agrupada, negativa, monótona, trazos curvos o redondos, letra sencilla, personalizada o caligráfica, puede ser invertida, vertical o inclinada, velocidad lenta o mesurada; destaca el orden y precisión un tanto forzados y la pastosidad de la presión en los trazos; en el caso de existir omisiones, suciedad y escaso orden puede darse la dirección descendente o cierta horizontalidad un tanto forzada; márgenes ordenados, monotonía en el conjunto; la firma es grande: generalmente aparecen el nombre y los dos apellidos, la rúbrica es elaborada, situada hacia la izquierda de la página y alejada del texto.

---NERVIOSO (melancólico). Extra/introvertido-emotivo-no activo-intuitivo-pasivo-receptivo-primario.

Fortalezas: son personas que buscan la fuerza interior, les gusta estar solas y más cuando recapacitan de errores cometidos (son sus propios jueces). Son serias, introvertidas o extrovertidas, según la ocasión o situación en la que se encuentren. Son analíticas, observan, necesitan pensar un poco más y detenidamente. Tienen la capacidad de ver en una situación todos los puntos que convergen y divergen. Son perfeccionistas, por lo tanto, va a revisar lo que hacen los demás para comprobar que todo esté bien. Tienen una fortaleza increíble y una excelente memoria. Combinan conocimientos, experiencia y le agregan su propia lógica a todo. Son organizadas, abnegadas y trabajadoras. Son personas a las que les tienes que explicar muy bien las cosas. Son pensadoras, intensas, intelectuales, perfeccionistas, determinadas y talentosas, muy dedicadas, entregadas e inclinadas por el trabajo.

Debilidades: son personas rencorosas, son los que van a recordar lo que le has hecho, pero que además, se van a poner muy tristes; se guardan todo y cuando llegan a explotar son muy peligrosas y vengativas y pueden llegar a ser tus peores enemigas. Son negativas y pesimistas, son ruines y de una perfección tan dañina que buscan continuamente dejar en evidencia a los demás ya que casi siempre ven el lado obscuro de las cosas. Son tan negativas que pierden grandes proyectos por estar al pendiente de los aspectos que no funcionan. Son indecisas, inseguras, y lo más importante, se dañan y dañan a los otros viendo continuamente lo que los demás hacen mal (Fernández, 2013).

Interpretación grafonómica. La escritura puede ser vibrante con grandes oscilaciones, o bien, en ocasiones es invertida o variable (escritura desigual), destaca en todo el trazado la movilidad y la agitación; la presión es firme, aunque con irregularidades, ya que puede ser débil en algunos trazos o fuerte (presión espasmódica); la escritura es desligada o agrupada, aparece generalmente desordenada, existe movilidad y variabilidad en las formas, suelen darse algunos trazos filiformes, es angulosa, invertida o variable (escritura desigual), movida, lanzada, inestable, discordante, sinuosa, con orden defectuoso, ligazones, agitada, sacudida, descuidada, subrayada, tamaño normal y con grandes movimientos extendidos, la dirección puede ser oscilante (con sinuosidades o bien en serpentina); la velocidad puede ser rápida o precipitada, pueden darse temblores en las letras; márgenes desiguales; movilidad en el conjunto del texto y en general, aparece confuso y poco legible; puntos de la "i" desiguales e imprecisos, o bien, pueden aparecer puntos como acentos, barras de la "t" con desigualdades de forma, situación y tamaño, pero con algún predominio de las barras largas y finas; destaca la irregularidad que se manifiesta en casi todos los géneros gráficos; firma estrecha con profusión de ángulos, ilegible y situada generalmente en el centro o a la izquierda del texto.

---**SANGUÍNEO** (circulatorio). Extravertido-emotivo-activo-afectivo-primario.

Fortalezas: son personas extrovertidas, se la pasan muy bien y no son rencorosas. Son tomadoras de decisiones rápidas, son felices y divertidas, son los que ponen la alegría en nuestra vida. Hacen las relaciones públicas, favorecen el entorno, la colaboración y las relacionas de amistad. Se relacionan fácilmente, son populares, compasivas. Son de personalidad activa, son el alma de las fiestas, voluntariosas, creativas y con alto sentido del altruismo (Fernández, 2010).

Debilidades: su cualidad más importante es la irreflexión, el parloteo desmedido, sin tomar en cuenta a nadie más, así como la capacidad de hacer daño y no darse cuenta de cómo lo han hecho. Son personas que en privado son de una forma y en público de otra. Pueden ser tremendamente crueles con las personas cercanas. Son capaces de gritar, llorar y empobrecer las relaciones de las personas que viven con ellas y ser una muy buena persona con los demás. Pueden ser infieles y tiene una tendencia al juego, a la conquista y sobre todo a la mentira. Si intentas corregir u ordenar a un sanguíneo perderás su aceptación. Son desorganizados, desenfocados e impulsivos y de carácter débil (Fernández, 2013).

Interpretación grafonómica. Predominio de la curva, ampulosidad de formas y mayúsculas adornadas, infladas, incluso con rasgos innecesarios, más grandes que el texto o usadas en todo el texto; escritura ligada o agrupada, de presión firme o en relieve y acentuada, velocidad rápida; las letras aparecen preferentemente inclinadas a la derecha; dirección de líneas generalmente ascendentes. La distribución de la escritura es amplia y generalmente grande, abierta a la derecha, angulosa o semiangulosa; gestos adelantados, predominio del grafismo sobre el papel; separación entre líneas, buen aprovechamiento de espacios; firma grande con rúbrica y gestos ampulosos situada a la derecha del texto.

TENACIDAD. Firmeza y persistencia a un propósito. Fuerza que impulsa a continuar con empeño y sin desistir en algo que se quiere hacer o conseguir (EcuRed, s.f.).
Interpretación grafonómica. Escritura equilibrada, bien hecha, angulosa, con orden y constancia, presión alta y sentido de la proporción, ligada a las siguientes letras; nexos en gancho, óvalos regulares/iguales y angulosos; ejes de las letras con trazos derechos, barra de la letra "t" hacia abajo o doble. Palabras agrupadas con regularidad y uniformidad en la escritura.

TENSIÓN. Estado anímico de excitación, impaciencia, esfuerzo o exaltación (RAE, 2014).
Interpretación grafonómica. Escritura desligada, grande, angulosa, sin adornos, tachada, confusa, con puntuación innecesaria; letras

y/o números como "p", "d" y "9" con el palote separado del óvalo; dirección descendente en las palabras y/o en la línea (base del renglón), presión blanda, floja, con profundidad o empastamientos en los trazos o bien presión espasmódica; márgenes irregulares y poco cuidados y el derecho más grande que los otros; óvalos estrechos en sentido horizontal.

---, ACUMULACIÓN DE. Acumulación emocional de estados anímicos de excitación, impaciencia o exaltación.
Interpretación grafonómica. Escritura precipitada, espaciada, desencuadrada, ascendente y presionada; pies (jambas) muy angulosos y triangulares, ángulos en la base de los trazos y óvalos estrechos en sentido horizontal.

TERNURA. Cualidad de tierno. Afectuoso, cariñoso y amable. Capacidad de mostrar conductas cariñosas (Larousse, 2016).
Interpretación grafonómica. Letra de trazos curvos o redondos, inclinación de las letras ligeramente dextrógira (hacia la derecha) o desigual, forma de círculo en lugar de punto en la letra "i", y/o puntos de la letra "i" altos; óvalos abiertos arriba o por la derecha y curvos, inclinación muy marcada a la derecha (progresiva), presión fuerte, trazos finales y márgenes desproporcionados; hampas y jambas con forma puntiaguda, ausencia de ganchos convergentes. Espacio entre palabras de normal a reducido.

TÍMIDO. Temeroso, medroso y corto de ánimo para convivir o relacionarse con otras personas (RAE, 2014).
Interpretación grafonómica. Escritura de muy pequeña a pequeña, vacilante, cerrada, sin ornamentación alguna (adornos); espacios entre palabras muy amplios; margen derecho proporcionalmente más grande que el resto, margen izquierdo pequeño; zonas inferior y superior del texto más pequeñas de lo normal, concentrándose los trazos en la zona central; presión muy liviana o espasmódica (unas veces se presiona intensamente y otras, suavemente, de forma continuada en un escrito); el eje de la letra "t" no llega a la zona media de la caja del renglón; óvalos sencillos y cerrados, barras de la letra

"t" cortas o muy cortas y letra "g" sin bucle o truncada.

---SEXUAL. Miedo, inseguridad y desconfianza para la práctica y ejercicio en el ámbito sexual.
Interpretación grafonómica. Escritura pequeña, de presión débil o liviana y letra "g" con jamba corta, atrofiada, estrecha y débil.

TOLERANCIA. Acción y efecto de tolerar. Respeto a las ideas, creencias o prácticas de los demás cuando estas son diferentes o contrarias a las propias.
Interpretación grafonómica. Escritura con predominio de nexos en guirnalda, pequeña, vertical o ligeramente inclinada hacia la derecha, precisa, agrupada, ligada, legible, de velocidad de lenta a moderada, formas redondeadas y curvilíneas; ejes cóncavos y tildes de la letra "t" hacia la derecha.

TOMA DE DECISIÓN. Consiste en elegir una opción entre las disponibles, a los efectos de resolver un problema actual o potencial (Mora, 2009).
Interpretación grafonómica. Se refleja en una escritura rápida, lanzada, firme y dinámica; la tilde de la letra "t" aparece delante de la letra, pero sin llegar a separarse de ella.

TRABAJADOR, trabajo. Capacidad y cualidad de una persona para desarrollar con entusiasmo, dedicación, orden y responsabilidad las tareas laborales.
Interpretación grafonómica. Escritura de normal a grande, clara, legible, mixta, tipográfica, sencilla, vertical o moderadamente inclinada hacia la derecha, velocidad de normal a rápida, presión de firme a fuerte; líneas de la base del renglón horizontales o ligeramente ascendentes; texto y márgenes organizados y ordenados sin exceso, evitando roces entre líneas; letras unidas o ligadas a la letra siguiente, escritura agrupada; barras de la letra "t" situadas en su centro o ligeramente a la derecha.

---**EN EQUIPO.** Actitud positiva para lograr con los demás objetivos comunes y en conjunto.
Interpretación grafonómica. Escritura bien hecha, ordenada, sencilla, organizada, agrupada, ligada, controlada, precisa, tamaño de normal a muy grande, espontánea, curva, inclinada a la derecha, con presión fuerte, de velocidad rápida; líneas de la base del renglón horizontal o ascendentes; separación correcta entre palabras; enlaces curvos en los trazos, márgenes ordenados, disposición cuidada, puntos en la letra "i" bien colocados y centrados; firma sencilla y próxima al texto.
---**BAJO PRESIÓN.** Realizar una tarea o trabajo bajo condiciones que ejercen tensión. Capacidad de no perder habilidades o la capacidad de realizar funciones ante la carga de actividades a llevar a cabo.
Interpretación grafonómica. Escritura original, angulosa, simplificada, lanzada, pequeña, proporcionada, regular, precisa y legible; trazos verticales o ligeramente inclinados, de velocidad rápida, presión de media a firme, con dinamismo y agilidad; predominio de nexos en guirnalda o en gancho o formas redondeadas o curvilíneas en las letras; márgenes ordenados, disposición cuidada, líneas horizontales; puntos en la letra "i" centrados y bien colocados; la barra o travesaño de la "t" aparece delante de la letra (pospuesta), pero sin llegar a separarse de ella; existirá más ocupación del negro sobre blanco en la página.

TRANQUILO. Persona que se toma las cosas con mayor tiempo, sin nerviosismos ni agobios y que no se preocupa por quedar bien o mal ante la opinión de los demás; que es quieta, sosegada y pacífica (RAE, 2014).
Interpretación grafonómica. Escritura ancha, pequeña, constante, sin trazos iniciales, simplificada, clara, legible, armoniosa, de velocidad lenta, con nexos en guirnalda, presión de baja a media, inclinación de vertical a ligeramente a la derecha; letra estética, precisa, pausada, agrupada, concentrada y de forma curva o redonda con dirección en la base del renglón ascendente; firmeza en los trazos,

texto con buen sentido de la distribución y del espacio, con líneas bien estructuradas; mayúsculas pequeñas cuya altura apenas excede la de las minúsculas; proporción, orden y regularidad en los cuatro márgenes; barras de la letra "t" en dirección ascendente y bajas, esta última característica también se presenta en la letra "i" con referente a los puntos.

TRATO IGUALITARIO. El que observan las personas que no discriminan y que tratan a todos con respeto e igualdad, sin tomar en cuenta raza, religión, edad, condición social, preferencia sexual o género.

Interpretación grafonómica. Escritura simplificada, pequeña, progresiva (inclinada a la derecha), espontánea, ligada, espaciada, de velocidad rápida, redondeada, enlazada en cada palabra con proporción a la separación entre palabras y líneas. Enlaces de letras curvos por la línea. Mayúsculas proporcionadas. Ausencia de rasgos superfluos. Margen izquierdo creciente, firma que varía poco con respecto al texto, rúbrica, claridad y ausencia de ornamentación.

TRISTE. Que tiene recurrentemente carencia de alegría por alguna circunstancia, que, por naturaleza, tiende a sentir tristeza o melancolía (Larousse, 2016).
Interpretación grafonómica. Escritura regresiva (inclinada hacia la izquierda) con dirección descendente en la base del renglón, de velocidad lenta.

U

ÚLCERA. (Ver en enfermedad física)

V

VALORES. Es el conjunto de características y normas de convivencia del ser humano consideradas como cualidades positivas y válidas en una época determinada. Algunos se suelen considerar innatos a la naturaleza humana. Se trata de un significado amplio y abierto a las interpretaciones ya que, cada persona suele priorizar algunos de ellos, especialmente cuando se presentan situaciones de conflicto entre varios valores universales (García, 2019).

---, **FALTA DE.** Carencia de principios morales y éticos. Predisposición de la persona a pasar por alto, en la mayoría de las ocasiones, valores, principios éticos o morales con los que se debe convivir en sociedad.
Interpretación grafonómica. Escritura de trazos en guirnaldas, con poca presión, inconclusa, inacabada, abreviada, omitiendo palabras o letras y suelen ser sustituidas por trazos finales en forma de hilo o filiformes; números ubicados en forma desordenada, márgenes ocupados muy pequeños, poco espacio entre palabra y palabra; parte superior del número "2" con arco y sin bucle y puntos de la letra "i" altos y gruesos (con mucha presión).

---, **PERSONA CON.** Persona con principios morales y éticos que regulan su conducta.
Interpretación grafonómica. Escritura bien hecha, organizada, proporcionada, sencilla y espontánea. Márgenes proporcionados y equilibrados; colocación correcta de signos de puntuación y puntos de la letra "i" y "j" bien centrados; ausencia de bolsas y fantasmas dentro del escrito; números bien dibujados con claridad y buena distribución de espacios entre sí; firma simplificada y rúbrica sencilla.

VANIDAD. Deseo de perfeccionamiento. Placer y gusto que produce ocupar el pensamiento de los demás y ser objeto de admira-

ción, atracción, estima, respeto y atenciones (Larousse, 2016).
Interpretación grafonómica. Escritura clara, adornada, falseada, complicada, tamaño de grande a excesivamente grande, con velocidad de normal a rápida; letras de formas curvas, inclinación vertical o ligeramente inclinada hacia la derecha, unidas a la letra siguiente y/o agrupadas, con mezclas de adornos en la zona superior de algunas hampas; líneas en la base del renglón horizontales o sin roces entre líneas (espacios normales entre renglón y renglón); mayúsculas grandes, desproporcionadas, hinchadas y con adornos; enlaces de letras con trazos en arcos, lazos en la zona superior excesivamente inflados o ampulosos; firma grande muy adornada, rúbrica complicada; margen izquierdo de normal a grande, creciente y ausencia de margen derecho.

VENGANZA. Resentimiento que no se olvida y ánimo de desquite.
Interpretación grafonómica. Letras con rasgo de diente de jabalí (como si fuera un colmillo), el cual se produce al finalizar un trazo en arco como en la letra "m" o "n"; óvalos angulosos en la parte superior y rúbrica en ángulo agudo en cualquier sentido.

VERSATILIDAD. Capacidad de adaptarse con facilidad, con rapidez a diversas funciones o a las necesidades de cada momento (Larousse, 2016). Cualidad de hacer cosas distintas.
Interpretación grafonómica. Se refleja específicamente en espaciamientos variables y diferentes entre letras, palabras y líneas; escritura de tamaño irregular, desligada, agrupada, de trazos curvos y dirección de la base del renglón descendente; óvalos irregulares/desiguales; letras con deformidades gráficas en la "r", "s" y "t"; letra "r" curva y con presión blanda; ausencia de barras o travesaños en la letra "t" o bien caídas y/o curvas.

VIOLENCIA. Tendencia a dejarse llevar por el ardor e impulso extremo de la pasión, principalmente como respuesta a una oposición o contrariedad sufrida en los deseos. Incapacidad para adaptarse y vencer serenamente las dificultades.
Interpretación grafonómica. Trazos en maza, empastados y cubier-

tos de tinta (textos sucios en el escrito) y con presión intensa; escritura muy angulosa, lanzada; letra de tamaño grande, finales acerados en punta o arpón, líneas en lugar de puntos; tildes o barras en forma de alfiler; signos de puntuación como "comas" largas; barras de la letra "t" masivas o largas como en golpe de sable y golpe de látigo ("gestos tipos"), algunas fragmentadas; espacio interlineal (entre línea y línea) estrecho ya que existen choques de hampas y jambas entre un renglón y otro; prolongación de la letra "a" remarcada en avance (rasgo final de la letra "a" muy remarcada en dirección ascendente).

VISIÓN. Punto de vista particular sobre un tema o asunto (RAE, 2014). Capacidad de comprensión, en especial cuando es acertada (Larousse, 2016).
Interpretación grafonómica. Escritura abierta a la derecha en los óvalos, sobria, inclinada o vertical, con presión pausada y precisa; letra pequeña y apretada (estrecha y muy junta entre letra y letra); predominio de negro sobre blanco en el texto; hampas y jambas cortas; puntos de la "i" y barras de la "t" bien situadas y centradas con precisión o meticulosidad.

---GLOBAL. Capacidad que tiene una persona para poder ver y analizar una situación en toda su amplitud (INSA, 2017).
Interpretación grafonómica. Letra de tamaño de normal a grande; señales de orden dentro del texto; buena ejecución en los trazos y separación normal entre líneas y palabras.
---PANORÁMICA. Habilidad de una persona para visualizar más allá de un análisis global, siendo este mucho más amplio y completo.
Interpretación grafonómica. Espacios amplios entre palabras y entre renglones; presión firme y distribución proporcionada de las letras (con referente a las hampas y jambas iguales al tamaño medio de las minúsculas); dimensión de la escritura de grande a muy grande.
---PRÁCTICA, CONCRETA. Visión clara y objetiva que suma el plan de acción para llegar a complementar los objetivos visualizados.
Interpretación grafonómica. Escritura asociada, pequeña, sen-

cilla, organizada, redondeada o bien poco angulosa, rápida, sobria, inclinada a la derecha o vertical, precisa, ordenada y limpia; letras con rasgos en punta hacia a la derecha; distribución concentrada entre líneas (renglón y renglón), existen roces entre ellas; márgenes proporcionados y bien cuidados, ordenados; signos de puntuación y puntos de la letra "i" bien colocados y centrados.

---PESIMISTA DE LA VIDA. Decaimiento moral y físico. Falta de confianza y de energía para vencer obstáculos y enfrentar dificultades. Tendencia a la resignación.
Interpretación grafonómica. Escritura muy inclinada hacia la izquierda (invertida), con presión espasmódica (variable), de velocidad lenta y dirección de líneas descendentes sobre la base del renglón.

VITALIDAD.
Actividad, fuerza. Eficacia de las facultades físicas (RAE, 2014).
Interpretación grafonómica. Escritura de tamaño grande, clara, sin roces entre líneas (entre renglón y renglón), angulosa o semiangulosa (variaciones de mezclas en las formas de trazos rectos), de presión de normal (firme) a fuerte y velocidad de normal a rápida; regularidad en los trazos con finales cortos y con presión fuerte; letras verticales o ligeramente inclinadas hacia la derecha, unidas a la letra siguiente y/o agrupadas; dirección de las líneas horizontales o ascendentes en la base del renglón; página bien ocupada con predominio del negro sobre el blanco del texto; margen izquierdo normal o grande, creciente y ausencia de margen derecho o pequeño; barras de la letra ""t" cortas y con presión fuerte, letra "r" con doble ángulo y letra "s" con ángulo superior y signos de puntuación en general bien marcados, en especial letra "i" y "j".

VIVAZ.
Eficaz, vigoroso, agudo, de pronta comprensión e ingenio (RAE, 2014).

---INTELECTUAL. Agudeza; prontitud de comprensión y de juicio (Alarcón, 2001).

Interpretación grafonómica. Escritura dextrógira (inclinada hacia la derecha), dirección en la base del renglón ascendente o ligeramente ascendente, velocidad rápida; trazado profundamente filiforme (en hilo), finales de palabras y barras de la letra "t", largos y de presión ligera; travesaño o barra de la letra "t" enlazado en la zona inferior continuo, regresivo y avance; trazos curvos en el número "5"; margen izquierdo creciente.

---, FALTA DE. Que carece de energía, vigor y fortaleza.
Interpretación grafonómica. Margen izquierdo estrechándose, trazos finales de las palabras alargados y/o palabras inacabadas, inconclusas en forma de hilo (filiforme) e ilegibles, inclinación vertical o moderadamente inclinada hacia la izquierda, dirección del renglón ligeramente descendente, escritura con velocidad lenta, presión de normal a suave, barras o travesaños de la letra "t" con presión suave, cortos o antepuestos. Puntos de la letra "i", débilmente marcados, puntos irregulares en su situación o atrasados.

VOLUBLE. Cualidad de quien cambia fácilmente de opinión o humor. Inconstancia, inestabilidad emocional. Que cambia fácil o frecuentemente de manera de ser (Rentería, 2014).
Interpretación grafonómica. Variabilidad o irregularidad en los siguientes criterios gráficos: presión (espasmódica), tamaño (en las letras), inclinación (desigual) y velocidad (variable); coligamento filiforme; dirección en la base del renglón sinuosa o serpentina; óvalos cerrados con bucles (con doble vuelta, anillados); grandes diferencias entre texto y firma.

VOLUNTAD. Facultad de hacer o no hacer algo. Esfuerzo, ímpetu y decisión por lograr objetivos.
Interpretación grafonómica. Escritura angulosa, de tamaño grande, presión firme, con finales de palabras de presión fuerte y cortas; letra "r" con doble ángulo y letra "s" con ángulo superior; línea horizontal y/o ascendente en la base del renglón; óvalos regulares/iguales y barras de la letra "t" cortas y gruesas.

---, **ESCAZA FUERZA DE.** Inestabilidad, tendencia a ver la realidad peor de lo que es. Depresión, pesimismo y falla de voluntad o disminución de la energía.
Interpretación grafonómica. Se da una mezcla de exageraciones (escritura mixta) y formas diferentes en las letras con presión en la escritura muy liviana. Dirección con sinuosidad en los renglones. Letra "t" sin barra o bien se presenta atrasada y separada del eje (tilde antepuesta); la barra de la letra "t" también puede encontrarse en dirección descendente, alta, débilmente marcada, fina, corta o muy corta; punto de la letra "i" alto, débilmente marcado y con un trazado fino; hampa blanda y/o en curva en el número "1".
---**PARA ENFRENTARSE CON LA REALIDAD,** falta de. Carencia de ímpetu, decisión y ánimo para realizar tareas u objetivos.
Interpretación grafonómica. Finales incompletos (trazos descendentes que no llegan a la línea de la base del renglón).
---**DOMINANTE.** Deseo constante y continuo de controlar situaciones y personas (Larousse, 2016).
Interpretación grafonómica. Escritura de trazos rectos, letras angulosas o semiangulosas, presión fuerte y velocidad de lenta a rápida; barras de la letra "t" largas y gruesas, o de golpe de sable o bien el travesaño de la letra "t" enlazada en la zona inferior continuo, regresivo y en avance.
---**IMPACIENTE.** Se muestra con intranquilidad o nerviosismo por esperar una cosa o a una persona.
Interpretación grafonómica. Escritura de velocidad rápida, presión espasmódica e inclinación de las letras desiguales (variables); dirección sobre la base del renglón ascendente, barra de la letra "t" larga en avance y con presión fuerte; margen izquierdo creciente, finales de palabras excesivamente alargados (escritura lanzada) y puntuaciones que parecen acentos o acentos prolongados como una raya en forma horizontal.
---, **SERVILISMO** por falta de. Manifestación exagerada de sumisión y complacencia.
Interpretación grafonómica. Escritura pequeña a muy pequeña, con presión ligera, ligada, clara, redonda; barras de la letra "t"

muy débiles y/o cortas y/o bajas.

---, **DESEOS DE IMPONER SU PROPIA.** Afán por controlar e imponer su voluntad a personas o situaciones que le rodean.
Interpretación grafonómica. Letra semiangulosa o angulosa, de presión fuerte; puntos bien marcados o remarcados; barras de la letra "t" enlazadas con dos líneas horizontales y juntas en una misma palabra.

VULGARIDAD. Cualidad de grosero, ordinario y de mal gusto (perteneciente al vulgo). Especie, dicho o hecho vulgar que carece de importancia, tacto y educación (RAE, 2014).
Interpretación grafonómica. Escritura de grande a muy grande, artificial, desordenada, poco cuidada, irregular, desigual, poco armónica, monótona y exagerada (en ocasiones barroca y adornada); ausencia del sentido del orden y la distribución; suciedad y empastamientos dentro del escrito (tachaduras y/o manchones); mayúsculas grandes.

Nota: las letras "W", "X", "Y", "Z", no se incluyen al no tener adjetivos que inicien con estas grafías.

ÍNDICE

A

Abusivo	27
Abuso de confianza	27
Abuso sexual, víctima de	27
Acaparamiento	28
Acelerado	28
Actividad	28
Adaptabilidad	29
Afán (Ver sus derivados)	29
Afasia (Ver en desorden mental)	29
Afectividad	30
Afeminado	30
Agilidad (Ver sus derivados)	30
Agnosia (Ver en desorden mental)	30
Agrafia (Ver en desorden mental)	30
Agresivo (Ver sus derivados)	30
Agresor sexual	31
Agudeza	31
Ahorrativo	31
Alcoholismo (Ver en enfermedad física)	32
Alegre	32
Alocentrismo	32
Altruista	32
Alzheimer (Ver en desorden mental)	32
Amable	32
Ambición (Ver sus derivados)	33
Ambiguo	33
Amiguero (Ver sus derivados)	34
Amplitud de mente	34
Analítica	34
Angustia	34
Anorexia (Ver en desorden mental)	35
Ansiedad	35
Antipático	35
Apacible	35
Apariencias, manejo de las	36
Apertura	36
Apraxia (Ver en desorden menta)	36
Artes visuales, para las (Ver en habilidades y capacidades)	36
Artificio	36
Asesino serial	37
Asimbolia (Ver en desorden mental)	37
Asimilar, facilidad de	37
Astucia	37
Atleta y deportista, para ser (Ver en habilidades y capacidades)	38
Autismo (Ver en desorden mental)	38
Autoagresivo	38
Autoconcepto (Ver sus derivados)	38
Autoconfianza	38
Autocontrol	39
Autoestima (Ver sus derivados)	39
Automotivación	40
Autoridad	40
Autovaloración de habilidades y aptitudes	40
Avaricia	41
Aviador, para ser (Ver en habilidades y capacidades)	41

B

Bailarín, para ser (Ver en habilidades y capacidades)	41
Benevolencia	41
Bloqueos sexuales	41
Bondad	42
Buen gusto	42
Buen humor	42
Buena memoria	42
Buenos modales	42
Buen sentido	42
Buen trato	43
Bulimia (Ver en desorden mental)	43

C

Caballerosidad	43
Calidad en el trabajo	44
Calma, tener	44
Cáncer (Ver en enfermedad física)	44
Capacidad (Ver sus derivados)	44
Cardíaca, afección (Ver en enfermedad física)	46
Catatónico, estado (Ver en desorden mental)	46
Cautela	46
Celos	46
Charlatán	47
Cirujano, para ser (Ver en habilidades y capacidades)	47
Claridad de ideas (Ver sus derivados)	47
Cleptomanía (Ver en desorden mental)	47
Codicia	47
Colores en grafología (Ver sus derivados)	48
Columna vertebral, afección (Ver en enfermedad física)	52
Complejo de culpabilidad	52
Complejo de inferioridad	52
Complejo de superioridad	52
Comprensión baja	53
Comprometido	53
Comunicación (Ver sus derivados)	53
Comunicación y periodismo, en (Ver en habilidades y capacidades)	54
Concentración	54
Concertista, cantante, compositor, músico, director musical, director de orquesta, coros, para ser (Ver en habilidades y capacidades)	54
Conducta (Ver sus derivados)	54
Confiabilidad	54
Conflictivo (Ver sus derivados)	55
Confusa, personalidad	55
Confusión de ideas	56
Conservador	56
Considerado	56
Constancia	56
Coqueteo	57
Cordialidad	57
Cortesía (Ver sus derivados)	57
Creatividad (Ver sus derivados)	57
Credulidad	58
Criticón	58
Crueldad	58
Culto	58
Curiosidad (Ver sus derivados)	59
Curioso	59

D

Debilidad	59
Decidido	60
Deducción	60
Defensiva, actitud	60
Déficit de atención (Ver en desorden mental)	60
Delirio (ver en desorden mental)	61
Demencia (Ver en desorden mental)	61
Dependencia	61
Deportista	61
Depresión (Ver en desorden mental)	61
Desaprovechar	61
Desconfiado	61
Desconsiderado	62
Descuidado (Ver sus derivados)	62
Deshonesto	62
Deslealtad	62
Desorden mental o trastorno mental (Ver sus derivados)	63
Desorganizado	74
Despilfarro	74
Despistado	74
Destreza	74
Detallista	74
Devoción	75
Dinámico	75
Dinero, gusto por el	75
Diplomático	75
Disciplinado	75
Discreción	76
Discusión	76
Disgrafía (Ver en desorden mental)	76
Dislalia (Ver en desorden mental)	76

Dislexia (Ver en desorden mental)	76	Extravagancia	94
Dispersión	76	Extraversión	94
Doble personalidad (Ver en desorden mental o en personalidad)	76		
Docilidad	76	**F**	
Dolor	77	Facilidad para comunicarse	94
Don de mando	77	Falta de sociabilidad	95
Dotes de artes plásticas	77	Fantasioso	95
Dotes de sentido musical	77	Favorecimiento del bien común	95
Dramaturgo, literato, crítico, para ser. (Ver habilidades y capacidades)	78	Fiable (Ver sus derivados)	95
		Fidelidad	96
Drogodependencia (Ver en enfermedad física)	78	Firmeza de carácter	96
	78	Firmeza de principios	96
Dudar (Ver sus derivados)	78	Flexibilidad	96
Dureza	78	Franqueza	97
		Fraudulento	97
E		Frenasténico, oligofrénico, (Ver en desorden mental)	97
Egocentrismo	79	Frialdad	97
Egoísmo	79	Fuerza de voluntad	97
Emotivo	80		
Empatía	80	**G**	
Emprendedor	80		
Energía, enérgico (Ver sus derivados)	80	Generosidad (Ver sus derivados)	98
Enfermedad física	84	Genialidad	98
Enfermedad mental (Ver en desorden mental)	90	Grosero	98
	90		
Engaño	90	**H**	
Entusiasmo	90		
Envidia	91	Habilidades sociales	99
Epilepsia (Ver en enfermedad física)	91	Habilidades y capacidades	99
Equilibrado	91	Hebefrenia (Ver en desorden mental)	104
Erotismo	91	Hipersexualidad	104
Esclerosis (Ver en enfermedad física)	91	Hipertiroidismo (Ver en enfermedad física)	104
Espiritualidad	91		
Espontaneidad (Ver sus derivados)	92	Hipotiroidismo (Ver en enfermedad física)	104
Esquizofrenia (Ver en desorden mental)	92		
Estabilidad emocional	92	Hipoacusia (Ver en enfermedad física)	104
Estafador	92	Hipocondria (Ver en desorden mental)	104
Estrés (Ver en desorden mental)	93	Hipocresía	104
Euforia, estado de (Ver en desorden mental)	92	Histeria (Ver en desorden mental)	105
	93	Holgazanería	105
Exagerado	93	Homosexualidad (Ver sus derivados)	105
Excéntrico	93	Honestidad	105
Expansiva, personalidad	93	Humildad	105

I

Idealismo, idealista	106
Ignorancia	106
Imaginación	106
Impaciencia	107
Imparcialidad	107
Imprecisión	107
Impresionar	107
Imprudencia	108
Impulsividad	108
Inactividad	108
Inadaptabilidad	108
Inconstancia	108
Incredulidad	109
Indecisión	109
Independencia	109
Índice de freno	109
Indisciplinado	110
Indiscreción	110
Individualismo	110
Inestabilidad	110
Infidelidad	111
Influenciable	111
Ingeniero en informática, para ser (Ver en habilidades y capacidades)	111
Ingenio	111
Ingenuidad	112
Iniciativa	112
Inmadurez	112
Innovar	112
Insatisfacción	113
Inseguridad	113
Insignificancia	113
Insinceridad	113
Insociable	114
Instinto	114
Integridad (Ver sus derivados)	114
Intelectual	114
Inteligencia	115
Inteligencia emocional	115
Inteligencias múltiples (Ver sus derivados)	115
Intransigente	119
Intriga	119
Intolerancia	119
Introvertido	119
Intuitivo	120
Inventiva	120
Investigación, para la (Ver en habilidades y capacidades)	120
Ira	120
Irracional	120
Irreflexivo	120
Irrespetuoso	121
Irresponsabilidad	121

J

Juicio (Ver sus derivados)	121

L

Lealtad	122
Lentitud	122
Liberal	122
Liderazgo	122
Lógica	123
Lucidez	123

M

Madurez	123
Mal genio, mal carácter	124
Mal humor (Ver en mal genio, mal carácter)	124
Mala fe	124
Maldad	124
Malicia	125
Maltratador	125
Maltratador sexual	125
Maltrato	126
Manía (Ver en desorden mental)	126
Maníaco (Ver en desorden mental)	127
Maníaco-depresivo (Ver en desorden mental)	126
Manipulación	126
Masculinidad, virilidad	127
Materialismo	127
Mediocridad	127

Megalomanía (Ver en desorden mental) 127
Melancolía 127
Mentir, mentiroso (Ver sus derivados) 127
Mesura 129
Miedo (Ver sus derivados) 129
Mimo e ilusionista, para ser (Ver en habilidades y capacidades) 130
Misticismo 130
Mitomanía, mitómano (Ver en desorden mental) 130
Moderación, moderador 130
Modestia 130
Mordaz 130

N

Narcicismo (Ver en desorden mental) 131
Naturalidad 131
Necesidad (Ver sus derivados) 131
Negligencia o descuido 132
Negocios, para los (Ver en habilidades y capacidades) 132
Nerviosismo 132
Neurastenia (Ver en desorden mental) 132
Neurosis (Ver en desorden mental) 132
Neurosis obsesiva (Ver en desorden mental) 132
Nostalgia 132

O

Obediente 133
Objetividad 133
Observación (Ver sus derivados) 133
Obsesivo compulsivo (Ver en desorden mental) 134
Obstinado 134
Oligofrénico (Ver en desorden mental) 134
Olvidos 134
Oportunismo 134
Oposicionista 135
Optimismo, optimista 135
Orden 135
Organización, capacidad de 135

Orgullo 136
Orientación a resultados 136
Orientación al cliente 136
Originalidad 137

P

Paciencia 137
Parafrenia (Ver en desorden mental) 137
Paranoia (Ver en desorden mental) 137
Párkinson (Ver en enfermedad física) 137
Pasión, apasionamiento 137
Pedantería 138
Pensamiento infantil, fantasioso 138
Percusionistas y bateristas, para ser (Ver en habilidades y capacidades) 138
Pereza 138
Perfeccionista (Ver sus derivados) 138
Perplejidad 139
Persistencia 139
Personalidad (Ver sus derivados) 139
Persuasivo 142
Perturbaciones mentales (Ver en desorden mental) 142
Pesimista 142
Planeación económica 143
Poetas y escritores (Ver en habilidades y capacidades) 143
Polémico, polemista 143
Político, orador, líder, conferencista y automotivación, para ser. (Ver en habilidades y capacidades) 143
Posesivo 143
Posición social, búsqueda de 143
Positivismo 143
Práctico 144
Precipitación 144
Preocupación (Ver sus derivados) 144
Prodigalidad 144
Productivo 145
Promiscuidad 145
Protagonismo 145
Prudencia 145
Psicopatía (Ver en desorden mental) 146
Puntualidad 146

R

Racional	146
Rapidez	146
Realista	147
Realización de objetivos	147
Rebelde	147
Reflexión (Ver sus derivados)	147
Relación, capacidad de relacionarse (Ver sus derivados)	148
Rencor	148
Rendimiento	149
Represión	149
Resentimiento	149
Reservado	149
Resistente	150
Resolutivo	150
Respetuoso	150
Responsabilidad (Ver sus derivados)	150
Robo	151
Rudeza	151

S

Sadomasoquismo sexual	151
Saludable	152
Seguridad (Ver sus derivados)	152
Sencillez	153
Senilidad o senectud	153
Sensibilidad	154
Sensualidad	154
Sentido del humor	154
Sentido estético	155
Sentimiento (Ver sus derivados)	155
Sexualidad (Ver sus derivados)	156
Simpatía	157
Sinceridad	157
Síndrome de inmunodeficiencia adquirida (SIDA) (Ver en enfermedad física)	157
Soberbia	158
Sociable	158
Solitario	158
Solvencia (Ver sus derivados)	158
Somatización	159
Subjetividad	159
Suicidio (Ver sus derivados)	159
Sumiso	160
Superación de obstáculos	160
Superficial	160
Superioridad	160
Susceptibilidad	161

T

Tacañería	161
Tacto	161
Talento	161
Tecnología, para la (Ver en habilidades y capacidades)	162
Temor (Ver sus derivados)	162
Temperamento (Ver sus derivados)	162
Tenacidad	167
Tensión (Ver sus derivados)	167
Ternura	168
Tímido (Ver sus derivados)	168
Tolerancia	169
Toma de decisión	169
Trabajador, trabajo (Ver sus derivados)	169
Tranquilo	170
Trato igualitario	171
Triste	171

U

Úlcera (Ver en enfermedad física)	171

V

Valores (Ver sus derivados)	172
Vanidad	172
Venganza	173
Versatilidad	173
Violencia	173
Visión (Ver sus derivados)	174
Vitalidad	175
Vivaz (Ver sus derivados)	175
Voluble	176
Voluntad (Ver sus derivados)	176
Vulgaridad	178

GLOSARIO[6]
GRAFOLÓGICO ILUSTRADO

Este glosario incluye por orden alfabético el nombre de cada caracterísitca de la escritura en cuanto a trazos, rasgos y particularidades que son propias del lenguaje grafológico e importantes para una correcta interpretación. En segunda instancia y seguida de esta explicación colocamos una imagen ilustrativa del término referido para que el lector pueda ver gráficamente el término que se describe, ya que para el análisis grafológico que realizará, tendrá que identificarlo y ubicarlo perfectamente.

---

6. El contenido de este glosario fue retomado de las siguientes fuentes:
Tesouro de Grosso, 2006; Vels, 1997, 2007 y 2016; Calvo, s/f; G. de Castro, 2008; Chamorro, et al., 2007; Foglia, 1996; González, 2006 y Belda, 2006.

A

A Letra refleja. Simboliza la vida afectiva con los otros, franqueza, sinceridad. A través de la letra "a", podemos interpretar cómo se relaciona cada persona con los demás. La letra "a" minúscula está formada por un óvalo, que es la representación del YO, y un trazo, que es una prolongación de ese óvalo que simboliza cómo la persona se "abre" en las relaciones que mantiene con sus semejantes. La forma en que se abre el óvalo nos habla de la manera en que el sujeto se comunica con los otros. Grafológicamente esta letra tiene más valor por ser una de las más utilizadas, y aún más la letra "a" minúscula, ya que es de las primeras que se aprenden.

Abuso de signos innecesarios. Es la colocación exagerada de signos y/o elementos gráficos sin razón alguna y cuya ausencia no alteraría la correcta lectura del texto.

Acerado. Reflejo escritural caracterizado por la separación progresiva y a gran velocidad del útil inscriptor (con lo que se escribe), dejando sobre el papel un trazo que se desvanece gradualmente hasta desaparecer. Estos se aprecian al final de los trazos o rasgos.

AIREADA, ESCRITURA. Es aquella escritura en la que el espacio entre las letras y entre las palabras es considerable, igualmente sucede entre los espacios entre renglón y renglón, y se le llama aireada por que debido a esos espacios se dice que el aire pasa libremente por la escritura.

e-s-c-r i-t-u-r-a

ALA DE GALLINA, RASGO. Se caracteriza por ser un segmento amplio y curvo que cubre en su parte superior la firma o a la rúbrica, también es posible encontrarla en letras como la "r" y "v".

Aire Sol Soledad

ÁNGULO. Es la brusca y evidente muestra del cambio de dirección en el trazado de letras, firmas o rúbricas.

ÁNGULO EN LA ESCRITURA

ARCADA PLANA. Especie o género de coligamiento entre las letras. Las arcadas son arcos superiores articulados por bucles, contrario a la guirnalda que son arcos inferiores también articulados por bucles.

ARCO. Trazo curvo semicircular que puede ir de derecha a izquierda o a la inversa, usado en la parte superior en la formación de las letras. Las más comunes que presentan esta forma son las letras "m", "n", "u" y barra de la "t".

Mujer   Mucho   Médico

ARMÓNICA, escritura. Esta se presenta cuando concurren los elementos positivos de los criterios gráficos, esto es que nos dan como resultado el equilibrio y la regularidad en la escritura de forma constante.

ARMONÍA EN LA ESCRITURA

ARPÓN. Micro-reflejo escritural que se caracteriza por un cambio de dirección al inicio o al final de un trazo, formando un ángulo pequeño casi imperceptible al inicio o al final de los trazos.

Arpón, Murciélago, Amanecer

ARQUETIPO. Término desarrollado por Carl G. Jung (psicólogo y psiquiatra suizo). Los arquetipos son estructuras inconscientes o moldes de energía psíquica que forman parte del inconsciente colectivo. Estos son verdaderos núcleos de significación, es decir, son patrones fundamentales de formación de los símbolos. El arquetipo, por lo tanto, representa esencialmente un contenido puro del inconsciente.

Modelo original que sirve como pauta para imitarlo, reproducirlo o copiarlo; prototipo ideal que sirve como ejemplo de perfección de algo.

Este término no es ilustrable

B LETRA REFLEJA. Nos da información sobre el comportamiento del individuo frente a las necesidades económicas, la manera de administrar los recursos materiales, la organización del presupuesto y la madurez en las elecciones.

BARRA DE LA "T". Es el trazo horizontal que en el modelo caligráfico de la letra "t" atraviesa el eje vertical de esta en la parte superior.

BOTÓN. Micro-reflejo escritural que se caracteriza por una pausa final en un trazo, formando un punto pequeño parecido a un botón.

BRISADO. Son fallas en la continuidad del trazado por variación en la presión y la velocidad, produciendo cortes y cambios graduales en las líneas de las letras, de forma que pareciera que la tinta dejó de fluir o se dejó de hacer presión, dejando ver segmentos de líneas desvanecidas. Esto es debido a la variación de la energía y velocidad del amanuense.

Bucle o rizo. Es el movimiento que describe un trazo circular que inicia en la parte inferior del renglón con una dirección generalmente de izquierda a derecha, sube, y al llegar a su punto más alto continúa sin detenerse, descendiendo de derecha a izquierda para rencontrar su punto de inicio.

C letra refleja. Refleja todas las formas y variantes del egoísmo.

Choques. Son invasiones de trazos y rasgos dentro de un texto, pueden detectarse entre pies (jambas) y crestas (hampas). Estos choques o también llamadas invasiones, son los espacios que existen entre línea y línea, entre palabra y palabra y entre letra y letra en un texto.

COLA DE COCHINO. La constituyen uno o dos pequeños bucles al final de las letras o de la palabra, de tal modo que se asemeja al rabo o cola de cerdo.

Cola de Cochino

COLA DE ESCORPIÓN (rasgo del escorpión). Recibe su nombre por la gran similitud de este rasgo con la cola de un escorpión. Se ubica en la parte final de las letras de las palabras, a los pies, así como en las jambas. Este se describe como un rasgo curvo cerrándose hacia su centro en forma de aguijón.

soledad ánima escorpión

COLA DE ZORRO. Es la caída de una palabra o más de una, presentándose únicamente al final derecho de la línea del renglón.

caída cola de zorro sobre cada renglón

COLIGAMENTO. La manera como entrelacemos las letras (la forma en que las unamos, a través de distintos rasgos) nos hablará de nuestra capacidad de adaptación al medio.

coligamento coligamento coligamento

COQUILLE O CONCHA. Ver espiral.

CORTADO. Son fallas en la continuidad del trazado, y a diferencia del brisado, estas son repentinas y no graduales, dejando un microespacio en la línea como si se hubiese cortado; son ocasionadas por una variación en la presión.

Cresta. Ver hampa.

Curva. Corresponde a un trazo semicircular que puede formar parte de una letra como trazo o como rasgo, o bien, en una rúbrica o firma.

D

D Letra refleja. Refleja la vida intelectual, espiritual y psíquica, así como el sentido realista de la existencia o la tendencia hacia la fantasía y al misticismo.

1.- El óvalo en la "d" capta y aprende las experiencias de la vida cotidiana y la vida afectiva, el "Yo siento" y la parte femenina de la psique del sujeto.

2.- El eje de la "d" representa la iniciativa del pensamiento y el modo de entender la esfera de la idealidad, la orientación del espíritu, la curiosidad intelectual, el aspecto paterno y el "Yo pienso".

DIENTE DE JABALÍ. Rasgo recto y descendente que se produce al finalizar un arco, rebasando verticalmente hacia abajo la línea base del renglón.

jabalí yo querer

DIENTE DE SABLE (golpe de sable). Este es un trazo "seco" y anguloso, formando un triángulo que pudiera afectar la barra de la "t" y las partes inferiores de las letras (jambas).

tengo que finiquitar

DIENTES DE TIBURÓN. Este rasgo se aprecia en conjunto dentro de la escritura, siendo en su mayoría caracterizado por la presencia de angulosidades superiores y/o inferiores, simulando ser una dentadura de tiburón.

dientes de tiburón Risua

DIMENSIÓN. Es la variación en el tamaño de la escritura. Grafológicamente nos da indicadores para conocer el concepto que se tiene de uno mismo. Para una correcta interpretación es necesario tomar en cuenta los siguientes parámetros de medición[7].

---

[7]. Imágenes basadas en conceptos de Castro, 2008 y Fernández, 2015.

Parámetro de medición del óvalo

Ejemplo para medir el óvalo

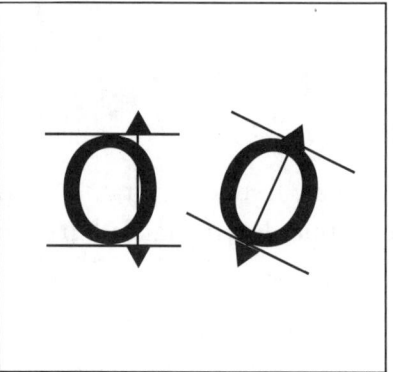

1.- Se considera dimensión normal de 2.5 mm a 3.4 mm
2.- Se considera dimensión grande de 3.5 mm a 4.5 mm
3.- Se considera dimensión muy grande de más (+) de 4.5 mm
4. Se considera dimensión pequeña de 1.5 mm a 2.5 mm
5.- Se considera dimensión muy pequeña de menos (-) de 1.5 mm

Mayúsculas

Ejemplo para medir las mayúsculas

Deben ser de 3 a 4 veces mayores que las minúsculas de la escritura que se esté analizando; de 7.5 mm a 10 mm.

Hampas y jambas

Ejemplo para medir la hampa

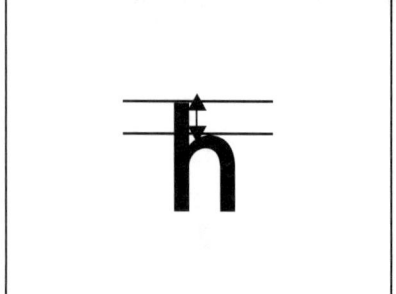

Deben ser de 2 a 3 veces el tamaño de los óvalos de la escritura que se esté analizando; de 5mm a 7mm.

Ejemplo para saber medir la jamba

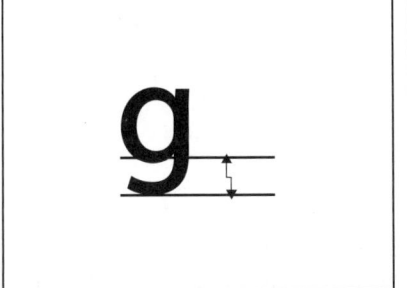

Deben ser de 2 a 3 veces el tamaño de los óvalos de la escritura que se esté analizando; de 5mm a 7mm.

Letra "F" mayúscula

Ejemplo para medir la "F" mayúscula

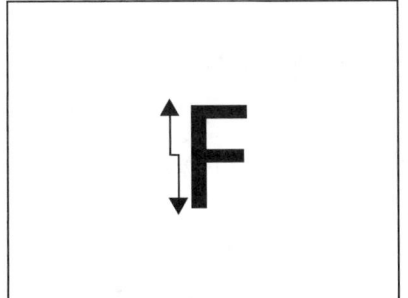

De 12.5 mm a 17.5 mm.

Dirección. Se califica en función de la trayectoria que tenga la escritura con respecto a la línea en la base del renglón[8].

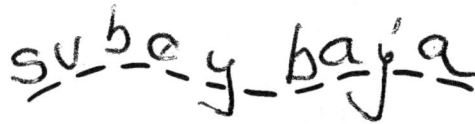

E

E Letra refleja. Indica los contactos sociales rápidos, la

---

8. Imágenes basadas en conceptos de Chamorro, Sánchez-Bernuy, y Xandró, 2007.

adaptación y el equilibrio. Elaboración consciente del YO interior no del todo racional sino instintivo.

ELIPSE. Trazo o rasgo que describe una trayectoria semicircular para la conformación de la letra o parte de esta, primordialmente en las que llevan círculo en su modelo caligráfico, como la "a", "b", "d", "g", "o", "p", "q", o elementos complementarios a una firma o rúbrica.

oro elipse soledad

EMPASTADO. Trazo o rasgo que se caracteriza por ser lento y excesivamente cargado de tinta; aparece generalmente en los bucles u óvalos exageradamente cerrados o estrechos, y en donde se fusionan a lo largo.

empastado libertad calateral

ENLACE. Es la cantidad y modo de uniones que se hacen entre las letras de una palabra. Formas básicas de ángulo o la curva. El ángulo solo tiene una modalidad, pero en la curva, existen dos subtipos que son la guirnalda y el arco.

CURVO

enlace enlace enlace

ANGULOSO

puerta como parámetro

ESCRITURA EN ROSARIO. Son las pausas en el trazado de la escritura de manera recurrente y abundante, generando pequeños botones o redondos en las líneas, que se asemejan a las cuentas de un rosario.

rosario → compaginar

ESPIRAL, CONCHA O COQUILLE. Rasgo en movimiento curvo, en forma de "voluta" (ornamento característico en forma de espiral), de giro sobre sí mismo en forma de caracol que se instala preferentemente en las mayúsculas en su parte inicial o final. También suelen aparecer al final de las palabras, incluso en las firmas y rúbricas siendo poco común en la zona media de las letras.

Parroquial   Hernández

F

F LETRA REFLEJA. Refleja la síntesis de la actividad profesional, intelectual, afectiva, material y sexual. Nivel de éxito global. Representa el Súper YO.

Festón. Tipo contrario a los arcos y que a diferencia de ellos va en la parte inferior de la escritura y describe trazos curvos unidos entre sí progresivamente.

Forma[9]. Es el apego a la estructura y tipo caligráfico establecido. Señala cómo se estructura la escritura sobre el soporte, dándole características propias y personales: escritura redonda, cuadrada, bucle, angulosa, semiangulosa, entre otras. Se divide en trazos rectos y trazos curvos/redondos. A continuación, se hace referencia cada subtipo.

Trazos rectos	Ángulos Semiángulos Arpones Triángulos Maza
Trazos curvos o redondos	Curvos Arcos Bucles Redondeada (redonda) Lazos Guirnalda Espiral o Concha o Coquille Inflados (ampulosidades) Nudos
Trazos mixtos	Golpe de sable Golpe de látigo

---

9. Imágenes basadas en conceptos de González, 2006.

G Letra refleja. Refleja la gentileza, el encanto, la seducción y el sexo. La forma en que se conecta con el otro, la libido y el erotismo. Las experiencias físicas, sensoriales y con goce emotivo-afectivo.

Gancho. Consiste en una pequeñísima regresión (casi imperceptible) al inicio o al final de la letra, puede presentarse también en la barra de la "t", incluso en rúbricas y en firmas al final de cada trazo o rasgo.

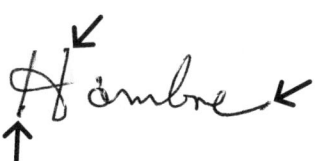

Garabato. Es un conjunto de rasgos o dibujos que son realizados de forma espontánea y totalmente inconsciente en el momento que se enfoca la atención en otra actividad distinta a la de escribir. Generalmente se plasma en cualquiera de los márgenes de la hoja de papel.

Garra de gato. Rasgo que presenta una curva en arco y que rebasa hacia abajo la línea base del renglón. Se manifiesta generalmente en las letras "m", "n" y "h".

GOLPE DE LÁTIGO. En su estructura inicial forma primero un lazo para luego proyectarse en una forma impulsiva hacia cualquier dirección.

Movimiento final, lanzado, largo e impulsivo que produce un "chicoteo" antecedido de un lazo. Suele aparecer en las barras de la "t" y la "f".

GOLPE DE SABLE. Es un rasgo anexo colocado al final de un trazo y antecedido de un ángulo agudo, producido por un impulso lanzado rápido y con fuerza, en las partes inferiores de las letras (jambas). Común en las barras de la letra "t".

GUIRNALDA. Consiste en el movimiento que genera las formas de arco inferior abierto hacia arriba. Se instala generalmente sobre los trazos iniciales, finales y en el coligamento. Es contrario al arco y se manifiesta tanto en la escritura como en las letras "w", "u", "e", "a" "m", "n".

H Letra refleja. Refleja la relación, el idealismo, la vida cotidiana y la idea directriz que preside la actividad diaria.

Hampas (crestas). Son los trazos de cada letra que quedan por arriba de la línea media de la caja del renglón, siguiendo su modelo caligráfico como la letra "l", "t", "b" entre otras.

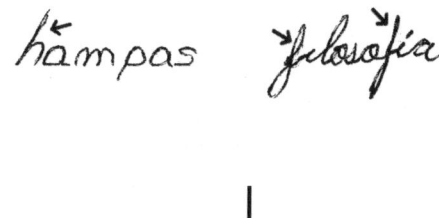

I Letra refleja. Refleja la visión del sentido creador, la precisión y la atención. Nos dice si una persona es o no detallista, nos habla de su precisión a la hora de pensar y actuar, así como del cuidado que pone en las tareas que realiza.

El eje de las "íes" es la manifestación mínima de la voluntad en lo cotidiano. Refleja el YO. El punto de esta letra denota cuidado, detalle, atención y precisión.

Inclinación. Es la variación de la escritura teniendo como base y punto neutral los 90 grados medidos con un transportador con respecto a la línea del renglón.

Medición de la inclinación

La medición de este criterio gráfico se debe realizar sobre tres partes diferentes del documento escrito, que puede ser principio, medio y fin. Ya que, en los primeros renglones, somos muy conscientes y estamos atentos con respecto a lo que escribimos. A medida que bajamos en la escritura del texto, nos vamos "automatizando en la escritura" y esta se vuelve inconsciente y reflejamos más *lo que somos* en los últimos renglones.

Algunos ejemplos:

	INCLINACIÓN RECTA
	La escritura presentará trazos de 90 grados con relación a la línea base de apoyo del transportador de 180 grados.
	INCLINACIÓN A LA DERECHA
	La escritura presentará trazos oblicuos (inclinados) hacia la derecha de la línea de 90°, con un rango entre los 85° y los 20° de inclinación
	INCLINACIÓN A LA IZQUIERDA
	La escritura presentará trazos oblicuos (inclinados) hacia la izquierda de la línea de los 90°, con un rango entre los 95° y los 170° de inclinación.

INCLINACIÓN DE LA LETRA

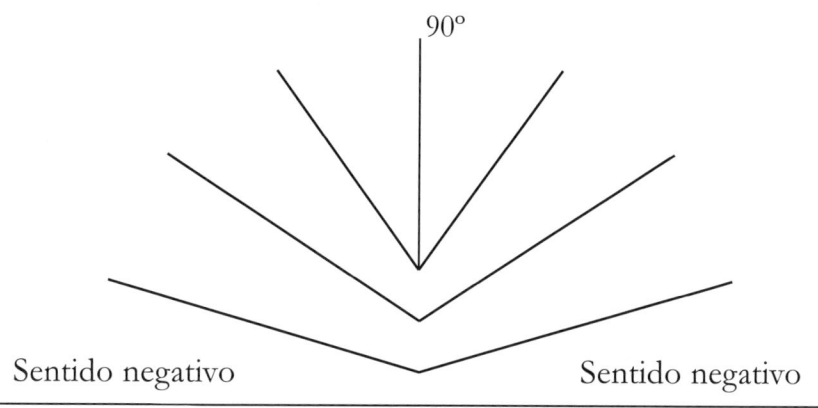

Sentido negativo	Sentido negativo
Tumbada inclinada	Tumbada inclinada

De acuerdo a los vectores de la inclinación de las letras se relacionan de la forma siguiente:[10]

90°	Vertical o recta
90° - 120°	Ligeramente inclinada
120° - 135°	Inclinada
135° - 170°	Muy inclinada
170° - 180°	Tumbada (sentido negativo)
90° - 60°	Ligeramente invertida
60° - 45°	Invertida
45° - 10°	Muy invertida
10° - 0°	Tumbada (sentido negativo)

INFLADO (inflación). Es el incremento desproporcionado en los óvalos de las letras que lo tienen como parte de su estructura.

Ejemplo: "p", "q", "d", o que bien, sin tenerlo, se fuerza la aparición de este, como en la letra "l" y "e".

---

10. Imágenes basadas en conceptos de Belda, 2006.

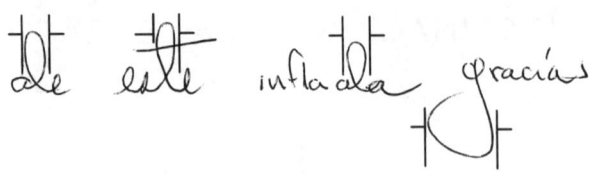

I

NVASIONES. (Ver en choques)

J

J LETRA REFLEJA. Simboliza los impulsos o contenciones al relacionarse, las manifestaciones carnales de la afectividad y el instinto de conservación así como la manera afectiva o distante en el contacto.

JAMBAS (pies). Son los trazos de cada letra que quedan por debajo de la línea del renglón, siguiendo su modelo caligráfico como la letra "g", "j", "p", "q", "y" entre otras.

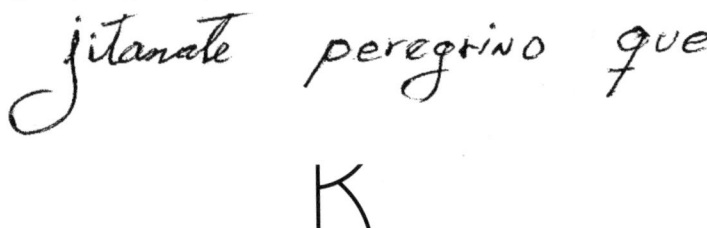

K

K. LETRA REFLEJA. Refleja el nivel de adaptación y de las habilidades manuales.

L

L LETRA REFLEJA. Nos da información acerca de la inteligencia, nivel de imaginación, capacidad de expansión y crecimiento. Evolución familiar que definen su conducta.

LÁTIGO. (ver golpe de látigo)

LAZO. Se caracteriza por la repetición de los bucles entrelazados. Aparecen frecuentemente en los pies de la escritura y en las firmas.

LETRAS REFLEJAS O LETRAS TESTIGO. Son aquellas letras del abecedario que grafológicamente, de manera individual, nos dan información de aspectos específicos de la personalidad de un individuo, por lo que se considera un reflejo de su forma de ser.

No todas las letras del alfabeto han sido estudiadas a profundidad por los grafólogos, bien debido a su uso poco frecuente, o debido a la poca definición de sus formas gráficas. Las letras reflejas más significativas y representativas en la grafología son: la "s" (conciencia moral), "t" (voluntad), "r" (canalización de las energías personales), "m" (el yo la familia y los demás, el autoconcepto en relación al otro), "g" (libido y sexualidad) "c" (nivel de egoísmo), "i" (atención y precisión).

LUZ VIRTUAL. Es el espacio interior de las hampas y jambas de las letras y que puede ser reducido o amplio, dependiendo de la cercanía de los trazos que la conforman.

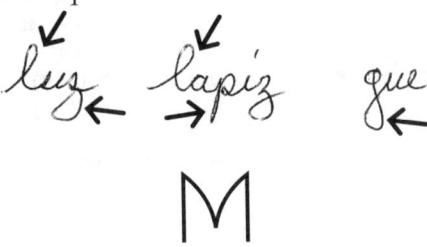

M Letra refleja. Su análisis brinda información sobre la presencia o ausencia de la característica humana del egoísmo, el cual se hace de los dos trazos que la componen. Se relaciona con la armonía del YO y la relación con las personas más cercanas y su relación social.

Maza. Es un trazo de movimiento horizontal que se caracteriza por el aumento progresivo de la presión, la cual se detiene súbitamente en el último momento, recargando todo el golpe de la energía sobre la zona final del trazo, el cual queda en forma de punta cuadrada incrementando su grosor. Este género aparece preponderantemente sobre la barra de la "t", y parte superior de la "E" mayúscula.

Movimientos en triángulo. Cambio de trazo en el extremo curvo de regreso de las jambas, de forma triangular en lugar de curvo. Se produce sobre todo en las jambas de la letra "f", "g" e "y" en las barras de las "t", aunque se puede presentar también en la "z", en la "s" y en los óvalos de la zona media.

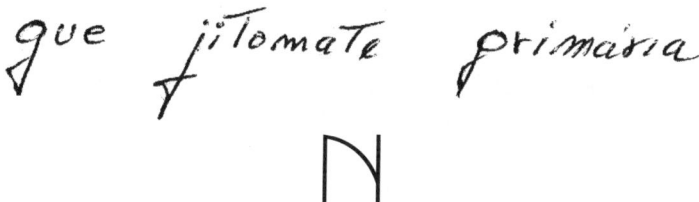

N LETRA REFLEJA. Su análisis brinda información sobre la actividad cotidiana y el fracaso o éxito. Esta letra es como un eco de la "m", revela lo que esa letra se esfuerza en esconder.

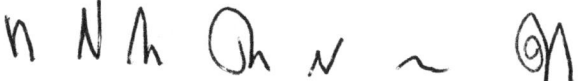

NUDO. Este se forma en la unión de las letras mediante un enlace regresivo minúsculo y confuso precisamente en forma de nudo; generalmente aparece sobre los óvalos de las letras "a", "o", "d" y "g", minúsculas y mayúsculas.

Ñ LETRA REFLEJA. Da información acerca del comportamiento social, sobre la sencillez, modestia, y por la virgulilla que es la tilde de la letra "ñ", denotamos frivolidad y/o fanfarronería.

O Letra refleja. Brinda información de la relación con el dinero, necesidades materiales, la vida afectiva, social y la relación consigo mismo.

Orden. Característica estética que indica la colocación adecuada y proporcionada de los elementos gráficos de la escritura, sin romper el equilibrio.

Orden de la escritura presente

Óvalo. Ver elipse.

P Letra refleja. Su análisis brinda información del aspecto laboral como la calidad de los trabajos y la actividad diaria en su conjunto.

Perfil. Es todo trazo ascendente prolongado, generalmente fino, de una letra, contrario al trazo magistral o pleno que es el que desciende.

PIES. Ver jamba.

PLENO O TRAZO MAGISTRAL. Es todo trazo descendente que se realiza con firmeza en una trayectoria de arriba hacia abajo que puede formar parte de una letra, rúbrica o firma.

PRESIÓN. Género determinado y caracterizado por la fuerza o energía colocada sobre el útil inscriptor y este a su vez transmitiéndola sobre el papel haciéndose más notoria por la parte posterior de la hoja.

PROPORCIÓN. Relación directa de las letras entre sí y dentro de la estructura de la formación de la palabras, y a su vez estas, formando renglones. En forma general, que la escritura guarde un justo equilibrio con respecto al espacio ocupado por cada una de las letras, palabras y renglones.

PUNTO. Signo mínimo de la escritura que se forma con hacer un solo contacto, sin movimiento ni dirección del útil inscriptor sobre el papel.

Q LETRA REFLEJA. Proporciona información de la conjunción entre la afectividad, la acción del equilibrio psíquico y la adaptación social.

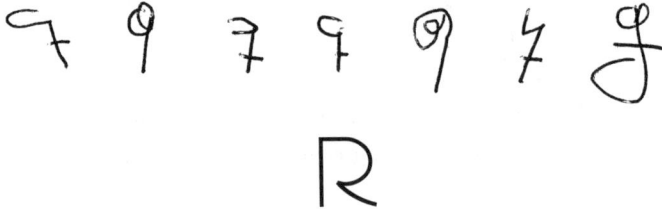

R LETRA REFLEJA. A través de su análisis brinda información de la canalización de la energía, voluntad, logro de los objetivos, así como de la forma en que se trabaja y de la afectividad en lo que se hace o se realiza.

RASGO. Parte no esencial o elemental de la letra. Este suele aparecer tanto en las letras como accesorio ornamental (adorno), así como en la firma y/o rúbrica de manera decorativa o distintiva.

RASGOS INICIALES Y FINALES. Son diminutas características de la escritura que aparecen y se incrustan al inicio o al final de cada rasgo o trazo, pudiendo ser iniciales o finales en los siguientes tipos: botón, gancho, acerado.

RASGO DEL DIABLO. Consiste en la prolongación de la parte baja izquierda de la letra "s" minúscula que va dirigido el trazo hacia la izquierda.

REMARCADO AL INICIO DE LA PALABRA. Son trazos que conviene distinguirlos de los encubiertos. Los repasados son repeticiones o enmiendas de trazos ya hechos. Se interpretan como vacilación inicial. Indican pensamiento monolineal o escasamente expansivo y flexible. Indican inseguridad. Si son casi imperceptibles y poco frecuentes, significan perfeccionismo y deseos de claridad. Si son más llamativos y frecuentes, se interpretan como inseguridad o tendencias obsesivas.

Renglón de la escritura (caja del renglón). Este corresponde a la delimitación de la escritura de acuerdo con la estructura de las letras minúsculas que no tienen rebasantes hacia arriba ni hacia abajo como la "a", "e", "m", "n", "o", entre otras. Estas conforman la zona media de la caja del renglón, excluyendo las mayúsculas y algunas minúsculas que por su naturaleza de modelo caligráfico presentan trazos hacia arriba y/o hacia abajo.

S Letra refleja. Indica si una persona es egoísta o generosa, si es tacaña o espléndida, dependiendo de la extensión del trazo final, así como de su grado de regresión. Permite conocer la actitud respecto al dinero y las cuestiones morales. Es la letra de la conciencia moral.

Sacudida. Corresponde a la inestabilidad en el trazado de la línea de la escritura, notándose sobre todo en los trazos que debieran ser rectos y continuos, los cuales aparecen quebrados, rotos, sinuosos por efecto de sacudidas o contorsiones. Se produce por el sobresalto, la conmoción, el *shock* emocional, los cambios de humor y los altibajos de la energía del amanuense.

SERPENTINA. Movimiento amplio ondulado o de dirección imprecisa reflejada en los renglones de un texto, que afecta especialmente a los trazos iniciales y finales de las palabras, haciendo del renglón una serpentina.

escRiTura en serpenTina sobre línea

SINUOSIDAD EN LOS RENGLONES. Movimiento de ondulaciones cortas y estrechas o de dirección imprecisa, reflejado en los renglones de un texto y producido por la diferente alineación de las letras sobre el renglón. A diferencia de la serpentina en donde son ondulaciones largas y amplias producidas por las palabras y no por las letras.

ejemplo de escritura sinuosa

SUCIEDADES O EMPASTAMIENTOS. Se dan por la falta de cuidado y limpieza en la presentación y plasmado de la escritura, manifestándose en tachados, empastados, remarcados y rayados.

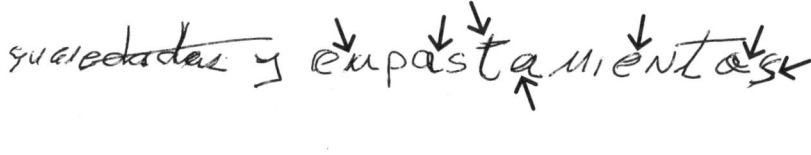

T

T LETRA REFLEJA. Da información del estado de ánimo de la persona, ya que el hampa y la barra (travesaño) horizontal ocupan las cuatro zonas de la escritura: horizontal, vertical, superior e inferior. Esta letra nos habla de la voluntad y de la lucha por la concreción de metas.

TACHADO. Ver en suciedades o empastamientos.

TAMAÑO. Ver en dimensión, en los parámetros de medición. Es la dimensión de las letras la que determina este criterio, principalmente en cuanto a su altura, considerando que las letras de 2.5 a 3.4 milímetros de altura se encuentra dentro del parámetro de medición "normal".

muy grande grande normal pequeña muy pequeña

TEMBLEQUEO. El tembleque, a diferencia de la sacudida, es una continua y constante presencia de pequeñas vibraciones en los trazados de la línea de la escritura.

Temblequeo en la escritura

TILDE. Trazo, elemento gráfico anexo y apegado al modelo gráfico de las letras: "t" y "ñ" (ver tabla de tildes o virgulillas de la letra "ñ").

Tilde t t t ñ ñ t t

TORSIÓN. Se llama así a la desviación o torcedura de los trazos que debieran ser rectos (no se debe confundir este gesto con el temblor, el cual produce una línea quebrada). La torsión se produce en un tramo amplio.

Torsión Ejemplo

TRAZO. Es cualquiera de los recorridos que la pluma plasma como parte esencial o elemental de una letra y sin la cual dicha letra perdería su correcta interpretación.

TRAZADO AL REVÉS. Hay varias clases de escritura al revés. En ocasiones puede ser indicio de creatividad y originalidad, pero también puede reflejar deficiente utilización de las reservas energéticas, inmadurez y en algunos casos conducta delictiva.

TRAZO FÁLICO. Colocación anexa o acoplada a la estructura de las letras, palabras, firmas, rúbricas o dibujos relacionados con el órgano reproductor masculino.

TRAZO MAGISTRAL. Ver pleno.

TRAZOS OCULTADORES DENTRO DE LA ESCRITURA. Líneas sinuosas, tamaño o escritura variable (el tamaño y la forma varía dentro del texto), exageraciones dentro del escrito: o muy pequeña o muy grande, exageradamente inflada, adornada, garigoleada, letra suave; en resumen, todo aquello que denote exageración. En la firma, esta será ilegible y la rúbrica muy garigoleada. En la letra aparece cuando la "s" se "cae" de la base del renglón; la letra "p" aparece como si fuera un "12", óvalos abiertos o separados del palote (eje).

Triángulo. Se produce sobre todo en las jambas de la letra "f", "g", "y", en la barra de la "t", aunque se puede presentar también en la "z", "s" y en los óvalos de la zona media.

triángulo en la escritura

Truncada, escritura. Escritura de trazos incompletos en cualquiera de sus partes, los cuales no llegan a terminar por completo.

truncada línea

Tumbada, escritura. Letra exageradamente inclinada, ya sea a la derecha o a la izquierda, entre los 30 y 40 grados de inclinación.

Muy inclinada a la izquierda

U

U Letra refleja. Indica el sentido de realidad con el que se desenvuelve la persona, según la anchura, el equilibrio o la altura de ambos ejes.

UÑA DE GATO. Se presenta en el interior de las letras de naturaleza redonda: "a", "b", "d", "g", "o", "p", "q", y que como característica propia tiene un rasgo pequeño y curvo hacia el interior de su óvalo; se nombra grafológicamente como uña de gato, por la similitud con esta.

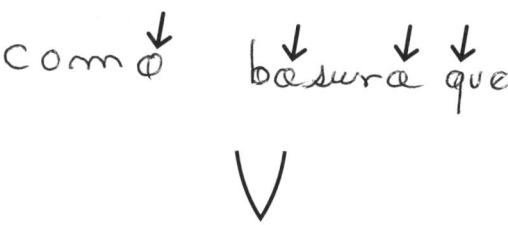

V

V LETRA REFLEJA. Brinda información del nivel de sacrificio, evolución y entrega. Indicio de gestos de expansión o soledad. Si la letra "v" está inclinada hacia la derecha, esto nos hablará de la creatividad y fantasía del individuo.

VELOCIDAD (en la escritura). Es uno de los ocho criterios gráficos y se refiere al tiempo requerido para la realización de la escritura, un trazo o rasgo que refleja características propias en la apariencia de los signos y letras.

W

W LETRA REFLEJA. Esta se analiza e interpreta como la letra "v" (ver letra "v").

X Letra refleja. Indica la madurez afectiva con relación con las normas que encuadran la conducta. Puede indicar desequilibrios temperamentales que dificultan la conviviencia.

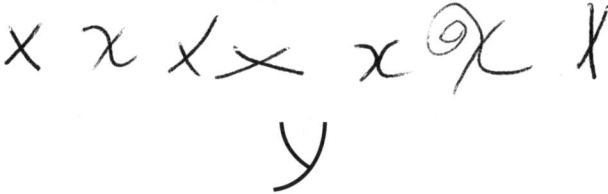

Y Letra refleja. Da información de la opinión que se tiene sobre uno mismo, así como la propia evaluación con respecto al rendimiento profesional o laboral.

Z Letra refleja. Indica las necesidades de afecto, aspiraciones, desilusiones, etc., con respecto al ámbito sexual.

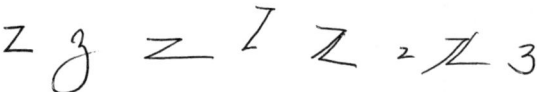

Bibliografía

AA. VV. (2004). *Grafología: Conozca su personalidad por medio de la escritura*. Ciudad de México: Editorial Época.

___. (2002). *Diccionario de Pedagogía y Psicología*. Madrid: Cultural S.A. Ediciones.

Adler, A. (2000). *El sentido de la vida*. Madrid: Ahimsa.

Alarcón, D. (2001). *Grafología*. Chile: Peor es Mascar Lauchas.

Allende del Campo, J. L. (1985). *Apuntes de grafopsicología I*. Madrid: Asociación Grafopsicológica.

___. (1985). *Apuntes de gafopsicología II*. Madrid: Asociación Grafopsicológica.

___. (1985). *Apuntes de grafopatología*. Madrid: Asociación Grafopsicológica.

Amato, A. (2016, 20 de agosto). La pregunta pertinente. *Clarín*. Recuperado el 26 de julio de 2019, de Press Reader. Sitio web: https://www.pressreader.com/

APSIS, (2018). TDAH. *Centro de Psicología Intantil y Juvenil*. Recuperado el 25 de julio de 2019, de APSIS. Sitio web: https://apsis.es/tag/tdah/

Aracil, N. (2012, 28 de marzo). Los colores y sus significados. *The Junior's Time*. Recuperado el 08 de agosto de 2019, de La verdad. Mi periódico Digital. Sitio web: http://www.miperiodicodigital.com/2012/edicion2012/the-juniors-time/17493-los-colores-sus-significados.html

Araos, M. (2016, 4 de febrero). El color de la tinta que usas también habla de ti. *Escritura Pilot*. Recuperado el 08 de agosto de 2019, de Pilot Japan. Sitio web: http://www.pilot.cl/blog/2016/02/04/el-color-que-usas-para-escribir-tambien-habla-de-ti/

Babylon NC. (s/f). Sentimiento. *Babylon NC*. Recuperado el 28 de julio de 2019, de Babylon NC. Sitio web: https://thesaurus.babylon-software.com/sentimiento

Balbuena Balmaceda, J. (1999). *Firmas auténticas y detección de firmas falsas*. París: C&S Internationale.

Béduchaud, G. (2006). *Grafología, un enfoque psicoespiritual: Símbolos y mensajes en el dibujo y la escritura*. Buenos Aires: Editorial Alhue.

Belda, G. (2006). *Grafología y firma: Aplicaciones técnicas*. Madrid: Instituto de Orientación Psicológica EOS.

Bellorin, D. V., et al. (2018, octubre-diciembre). Repercusiones de la migración de madres-padres en el desarrollo psicosocial de adolescentes en Estelí, Nicaragua. *Revista Científica de FAREM-Estelí n. 28*. Recuperado el 25 de julio de 2019, de Revista Científica de FAREM-Estelí, Medio Ambiente, Tecnología y Desarrollo Humano. Sitio web: https://rcientificaesteli.unan.edu.ni/index.php/RCientifica/article/view/904/868

Bembibre, C. (2009). Tu diccionario hecho fácil. *Definición ABC*. Recuperado el 28 de julio de 2019, de Definición ABC. Sitio web: https://www.definicionabc.com/general/humor.php

___. (2011). Tu diccionario hecho fácil. *Definición ABC*. Recuperado el 25 de julio de 2019, de Definición ABC. Sitio web: https://www.definicionabc.com/general/abuso.php

BioDic. (s/f). Diccionario de Biología: Un diccionario de términos científicos, sencillo. *BioDIC*. Recuperado el 24 de julio de 2019, de BioDic. Sitio web: https://www.biodic.net/

Branston, B. (1995). *Curso práctico de grafología: Cómo interpretar la personalidad a través de la escritura*. Madrid: Ediciones Tikal.

Brito, Y. (2017). *Transforma la ansiedad en libertad: Cuatro pasos*. Puerto Rico: Psiconaturalpr.

Buquet, A. (1993). *El peritaje de las escrituras y los documentos impugnados*. Buenos Aires: Ediciones La Rocca.

Calvo, S. (s/f). Gestos tipo o idiotismos. *Perito Calígrafo*. Recuperado el 09 de agosto de 2019, de Sandra Calvo: Perito Calígrafo. Sitio web: http://scperitocaligrafo.com/ejemplos-gestos-tipo-grafologia/

Camillo, B. (1622). Trattato come da una lettera missiva si conoscano la natura, e qualità dello scrittore. Carpi, Italia: Girolamo Valchieri. Recuperado el 25 de julio de 2019, de Gallica. Sitio web: https://gallica.bnf.fr/ark:/12148/bpt6k8597375.image

Campbell, L., Campbell, B. y Dickenson, D. (2002). *Inteligencias múltiples: Usos prácticos para la enseñanza y el aprendizaje*. Buenos Aires: Editorial Troquel.

Carrasco, P. (2018). *Planificación y organización*. España: Editorial Elerning.

Ceballos, K. (2019). Agilidad. *Capacidades físicas*. Recuperado el 14 de julio de 2019, de Capacidades Físicas. Sitio web: https://capacidadesfisicasdot.wordpress.com/2019/02/20/agilidad/

Cervera, G., Haro, G. y Martínez-Raga, J. (2005). *Trastornos límite de la personalidad: Paradigma de la comorbilidad psiquiátrica*. Madrid: Editorial Médica Panamericana.

Colomar, O. (1974). *Fisiognomia*. Barcelona: Plaza & Janés.

Columbié, E. (2011, 28 de enero). La utilización de los colores en los Versos Sencillos de José Martí. *El Exégeta*. Recuperado el 08 de agosto de 2019, de El Exégeta: Espacio para el Ensayo, y la Crítica Literaria y Artística. Sitio Web: http://elexegeta.blogspot.com/2011/01/la-utilizacion-de-los-colores-en-los.html

Consuegra, N. (2010). *Diccionario de psicología*. Bogotá: Ecoe Ediciones.

Cosenza, G. (2009, 15 de julio). El test de los colores. *Psicosenza*. Recuperado el 08 de agosto de 2019, de Psicosenza. Sitio web: https://psicosenza.blogspot.

com/2009/07/el-test-de-los-colores.html

Crépieux-Jamin, J. (1957). *ABC de la grafología*. Barcelona: Ediciones Ariel.

____. (2016). *La escritura y el carácter: La ciencia de la grafología*. España: Biblok.

Chamorro, F., Sánchez-Bernuy, I. y Xandró, M. (2007). *La firma: Antología grafológica II*. Madrid: Instituto de Orientación Psicológica EOS/ Ediciones Xandró.

Chifoni, Alex. (2001). *Grafología*. Concepción, Chile: Peor es Mascar Lauchas.

Del Longo, Nevio. (2001). *Manual Lüscher: Manual para el uso clínico y no clínico del test de Lüscher*. Chile: CDO Consultores.

Del Val Latierro, F. (1963). G*rafocrítica: El documento, la escritura y su proyección forense*. Madrid: Editorial Tecnos.

Descartes, R. (2103). *Discurso del método: Para dirigir bien la razón y buscar la verdad en la ciencias*. Ciudad de México: Colofón.

Doron, R. y Parot, F. (2007). *Diccionario Akal de psicología*. España: Ediciones Akal.

Doyharzábal, M. C. (1998). La deshonestidad en la escritura. Apuntes de cátedra.

____. (2017). Los diferentes aspectos de la deshonestidad, sus motivaciones e identificación en la escritura. *Pericias caligráficas*. Recuperado el 11 de junio de 2019, de Pericias Caligráficas. Sitio web: http://periciascaligraficas.com/v3/directorio/signos-de-deshonestidad-en-la-escritura/

EcuRed. (s/f). Orden. *EcuRed*. Recuperado el 27 de julio de 2019, de EcuRed. Sitio web: https://www.ecured.cu/Orden

Emociones y Creatividad. (2014). Autoconfianza. *Gobierno de Canarias*. Recuperado el 23 de julio de 2019, de Gobierno de Canarias. Sitio web: http://www3.gobiernodecanarias.org/medusa/ecoescuela/emocionycreatividad/glossary/autoconfianza/

Echeverría, K. (2016). Conceptos. *Blog de Katia Echeverría*. Recuperado el 26 de julio de 2019, de Blogdiario: Hispavista. Sitio web: http://katiaecheverria.blogdiario.com/categoria/conceptos/

Fernández, J. [Instituto Hune]. (2010, 07 de enero). Temperamentos: Parte 1 de 2. [Archivo de Video]. Recuperado de https://www.youtube.com/watch?v=-3twDd0wIjjA

____. [Carlos Apolo]. (2013, 26 de junio). Teperamentos de personalidad: Parte 2. [Archivo de Video]. Recuperado de https://www.youtube.com/watch?v=aSAE-JqzPUE4

Fernández, L. (2005). *Pensando en la personalidad*. La Habana: Félix Varela.

Fernández, M. (2015). Dimensión de la escritura y la autoestima. *Grafología y Personalidad*. Recuperado el 16 de agosto de 2019, de Grafología y Personalidad. Sitio web: https://www.grafologiaypersonalidad.com/leccion-6-aspectos-graficos-dimension/ (falta en la bibliografía)

Foglia, P.J. (1996). *Grafopatología: Signos de enfermedad en la escritura*. Buenos Aires: Ediciones La Rocca.

____. (2009). *Grafología descriptiva-forense: Hacia la identificación por la escritura*. Buenos Aires: Lugar Editorial.

G. de Castro, A. (2008). *Grafología*. Madrid: Editorial Libsa.

García, B. (2015). Inestabilidad emocional. *La voz del sandinismo*. Recuperado el 26 de julio de 2019, de La voz del sandinismo. Sitio web: https://www.lavozdelsandinismo.com/salud/2015-01-20/inestabilidad-emocional/

García, C. (2012). ¿Para cuándo un cambio de mentalidad? *Nuestra Salud: Declaración de los Derechos Humanos y la Salud Mental*. Recuperado el 25 de julio de 2019, en Comunicación y Mente. Sitio web: http://comunicacionymente.blogspot.com/

García, C., et al. (2013). Colors. *Afoco*. Recuperado el 08 de agosto de 2019, de Afoco: Asociación Fotográfica Cordobesa. Sitio web: http://www.afoco.com/colors/page/5/

García, P. (2017). Consumo ostentonso y la difusión del gusto. *Prezi*. Recuperado el 24 de julio de 2019, de Prezi. Sitio web: https://prezi.com/p/3mimpdfh_gb_/consumo-ostentoso/

García, T. (2019). La importancia de los valores en la vida del ser humano. *Psicoterapia para todos*. Recuperado el 28 de julio de 2019, de Psicoterapia para todosL La única alternativa al encuentro consigo mismo. Sitio web: http://psicoterapiaparatodos.com/la-importancia-de-desarrollar-valores-en-la-vida-del-ser-humano/

Glez, A., Duque, A., Goyás, A. y Álvarez, S. (2018). Somatización. *Mutatis mutandis*. Recuperado el 28 de julio de 2019, de Mutatis Mutandis. Sitio web: http://mutatisoscar.blogspot.com/2018/03/somatizacion.html

Gómez, A. (2014). *Máscaras ocultas: En busca del tesoro perdido*. Buenos Aires: Grapho Life.

González, A. (2006). *Manual de documentos cuestionados*. México: INADEJ.

González, A. y Cervantes, A. (2005). *Glosario de documentos cuestionados*. Ciudad de México: INADEJ.

Grafomar. (2012). Insinceridad y deshonestidad en la escritura. *Grafomar*. Recuperdo el 26 de julio de 2019, de Grafomar: Centro de Formación en Grafología. Sitio web: http://graformar.com.ar/insinceridad-y-deshonestidad-en-la-escritura/

Guarini, A. (1989). *Grafología: Técnicas para el conocimiento de la personalidad*. Ciudad de México: Planeta.

Guzmán, C. A. (1994). *El peritaje caligráfico*. Buenos Aires: Ediciones La Rocca.

Heller, E. (2004). *Psicología del color: Cómo actúan los colores sobre los sentimientos y la razón*. España: Editorial Gustavo Gili.

Hernández, G. D. (2013). Aplicación y eficacia de las medidas de protección y seguridad en materia de violencia contra la mujer en la policía municipal de Guacara. *República Bolivariana de Venezuela, Universidad José Antonio Páez, Facultad de Ciencias Jurídicas y Políticas, Escuela de Derecho*. Recuperado el 27 de julio de 2019, de Biblioteca virtual UJAP. Sitio web: https://bibliovirtualujap.files.wordpress.com/2011/04/informe-de-pasantia-165.pdf

Honroth, C. A. (1957). *Grafología: Teoría y práctica*. Buenos Aires: Troquel.

Huemán, E. (2018). Senectud y senilidad. *Plenas mentes*. Recuperado el 28 de julio de 2019, de Plenas Mentes: Gabinete Psicológico Integral. Sitio web: http://plenasmentes.blogspot.com/2018/09/senectud-y-senilidad.html

INSA. (2017). 5 beneficios de estudiar una carrera superior. *INSA*. Recuperado el 28 de julio de 2019, de INSA: Business, Marketing & Comunication School. Sitio web: http://www.insabarcelona.com/blog/2017/05/5-beneficios-de-estudiar-una-carrera-superior/

Lamartine Bizarro, M. (2003). *Documentoscopia*. São Paulo: Editora Millennium.

Laplanche, J. y Pontalis, J.B. (2007). *Diccionario de psicoanálisis*. Buenos Aires: Paidós.

Larousse. (2009). Diccionario enciclopédico vol. 1. *The Free Dictionary*. Recuperado el 26 de julio de 2019, de The Free Dictionary: By Farlex. Sitio web: https://es.thefreedictionary.com/hipotiroidismos

——. (2007). *Diccionario manual de lengua española*. España: Vox.

——. (2016). Lengua española. *Diccionarios.com*. Recuperado el 24 de julio de 2019, de Diccionarios.com. Sitio web: https://www.diccionarios.com/

Las Llaves del Ático. (2012). Sobre la infidelidad. *Las Llaves del Ático*. Recuperado el 26 de julio de 2019, de Las Llaves del Ático: Un espacio reflexivo sobre psicología y sexualidad. Sitio web: http://lasllavesdelatico.blogspot.com/2012/04/sobre-la-infidelidad.html

Le Boulch, J. (1978). *Hacia una ciencia del movimiento humano: Introducción a la psicokinética*, Buenos Aires: Paidós.

Lizano, K. y Umaña, M. (2008). Teoría de las inteligencias múltiples en la práctica docente en educación preescolar. *Revista Electrónica Educare* 12(1). Recuperada el 26 de julio de 2019, de Redalyc.org. Sitio web: http://www.redalyc.org/pdf/1941/194114582017.pdf

López, A.M. (2006). *La disgrafía*. Madrid: Instituto de Orientación Psicológica EOS.

Martínez, A. (2011). *Grafología: El reflejo de la personalidad sobre el papel*. Barcelona: Editorial Hispano Europea.

Martínez, C., Ávila, R. y Lozano M. (2017). Detección de la anorexia nerviosa en chicas de entre 15 y 20 años. *Interpsiquis*, vol. XVIII. Recuperado el 24 de julio de 2019, de Psiquiatría.com. Sitio web: https://psiquiatria.com/bibliopsiquis/deteccion-de-la-anorexia-nerviosa-en-chicas-de-entre-15-y-20-anos/

Meca, R. (2012). Trastornos del aprendizaje en el TDAH: Síntomas de la dislexia. *Fundación CADAH*. Recuperado el 25 de julio de 2019, de Fundación CADAH.org. Sitio web: https://www.fundacioncadah.org/web/articulo/trastornos-del-aprendizaje-en-el-tdah-sintomas-de-la-dislexia-.html

Mendieta. (2017). Hablemos de envidia: ¿Qué es? *Backstage Magazine*. Recuperado el 26 de julio de 2019, de Backstage Magazine. Sitio web: https://www.backstagemagazine.com.uy/?p=8073

Michon, J.H. y Desbarrolles, A. (1884). *Les mystères de l'écriture: Art de juger* les hommes sur leurs autographes. *Gallica.* Recuperado el 25 de julio de 2019, de Gallica. Sitio web: https://gallica.bnf.fr/ark:/12148/bpt6k77093x.texteImage

Minervini, A. (2007). *Curso práctico de grafología: Somos lo que escribimos.* Buenos Aires: Latinoamericana Editores.

Molina, M. y Batlle, S. (s/f). Temperamento. *Paido Psiquiatría.* Recuperado el 28 de julio de 2019, de Paido Psiquiatría. Sitio web: http://www.paidopsiquiatria.cat/files/modulo-7_temperamento_personalidad.pdf

Montero, J.M. (2018). Conceptos básico. *Psicosexología.* Recuperado el 26 de julio de 2019, de ISSUU. Sitio web: https://issuu.com/juanmontero17/docs/revista_diplomado_juan_montero

Mora, J. (2009). Toma de decisiciones. *Funciones gerenciales: El verdadero rol de un gerente.* Recuperado el 28 de julio de 2019, de IUPSM. Sitio web: http://iupsmjemp.blogspot.com/2009/08/toma-de-decisiones.html

Moracchini, M. (1995). A*BC de la grafología: La escritura, reflejo de su personalidad.* Girona: Ediciones Tikal.

Morales, A. (2017). *Hipertiroidismo. Diccionario de enfermedades.* Recuperado el 26 de julio de 2019, de Yo Puedo. Sitio web: https://www.yopuedo.co/diccionario-de-enfermedades/hipertiroidismo/

____. (2017). Melancolía-Neurastonia. *Diccionario de enfermedades.* Recuperado el 25 de julio de 2019, de Yo Puedo. Sitio web: https://www.yopuedo.co/diccionario-de-enfermedades/melancolia-neurastonia/

Moretti, G. (2009). *Trattato di grafologia: Intelligenza-sentimento.* Padua: Edizioni Messagero Padova.

Moro, M. (2009, 18 de febrero). La teoría psicológica del color III. *Vamos a Publicidad.* Recuperado el 08 de agosto de 2019, de Vamos a Publicidad: Anuncios para Aprender. Sitio web: http://www.vamosapublicidad.com/la-teoria-psicologica-del-color-iii/

Navarro, J.I. y Martín, C. (2017). *Psicología de la educación para docentes.* Madrid: Ediciones Pirámide.

Núñez, J. (2014, 17 de marzo). Psicología de los colores: El color blanco. *Aprendizaje y Vida.* Recuperado el 08 de agosto de 2019, de Aprendizaje y Vida: Aprende como Puedas, Vive como Quieras. Sitio web: https://aprendizajeyvida.com/2014/03/17/el-color-blanco/

____. (2014a, 26 de mayo). Psicología de los colores: El color rosa. *Aprendizaje y Vida.* Recuperado el 08 de agosto de 2019, de Aprendizaje y Vida: Aprende como Puedas, Vive como Quieras. Sitio web: https://aprendizajeyvida.com/2014/05/26/el-color-rosa/

Ocampo, M.M., Sarabia, O. y Silva, Y. E. (2018). Algoritmos de atención clínica: Plan Estratégico Sectorial para la Difusión e Implementación de Guías de Práctica Clínica. *Gobierno de México, Secretaría de Salud.* Recuperado el 25 de julio de 2019, de Gobierno de México, Secretaría de Salud. Sitio web: http://www.calidad.salud.gob.mx/site/calidad/docs/algoritmo_depresion.pdf

Pardo, Y. (2018, 20 de agosto). El color de la tinta: Grafología del color. *Radio Felicidad.* Recuperado el 08 de agosto de 2019, de Radio Felicidad. Sitio web: https://radiofelicidad.mx/secciones/divierte-tu-mente/el-color-de-la-tinta-grafologia-del-color/

Pico, I. (2016). ¿Cómo serían los trastornos mentales si fueran casa? *Psicopico.* Recuperado el 25 de julio de 2019, en Psicopico: Psicología Online, neurociencia y ayuda psicológica. Sitio web: https://psicopico.com/como-serian-los-trastornos-mentales-si-fueran-casas/

Pérez, J. E. (2010). La inestabilidad familiar como factor determinante en el desencadenamiento de la agresividad en la infancia. *Universidad de San Carlos de Guatemala, Escuela de Ciencias Psicológicas.* Recuperado el 26 de julio de 2019, de Biblioteca USAC. Sitio web: http://www.biblioteca.usac.edu.gt/tesis/13/13_1810.pdf

Pérez, J. y Gardey, A. (2014). *Definición de astusia.* Definición de. Recuperado el 26 de julio de 2016, de Definición de. Sitio web: https://definicion.de/astucia/

Posada, V. (2012, 16 de marzo). Antecedente teórico: Significado de los colores. *¿Tú entrarías?* Recuperado el 08 de agosto de 2019, de Investigación: ¿Tú entrarías? Sitio web: http://tuentrarias.blogspot.com/2012/03/lo-querealmente-le-importa-la.html

Ponce, K. (2009). Psicología de los colores. *Kais Ponce.* Recuperado el 08 de agosto de 2019, de Kais Ponce. Sitio web: http://kaisponce.blogspot.com/2009/03/psicologia-de-los-colores.html

Pulver, M. (1952). *El impulso y el crimen en la escritura: Retratos característicos de personalidades asociales.* Madrid: Editorial Victoriano Suárez.

____. (1953). *El simbolismo de la escritura.* Madrid: Editorial Victoriano Suárez.

Priante, M. (2006). *Grafología: Una guía para describir la personalidad a través de la escritura.* España: Paidós.

Quiñones, A.T. (2016). Glosario. *Glosario psicopedagogía.* Recuperado el 25 de julio de 2019, de Glosario psicopedagogía. Sitio web: http://glosariopsicopedagogia.blogspot.com/2016/10/teoria-conjunto-de-reglas-principios-y.html

Ramos, C. (2006). *Grafología, sexualidad y pareja.* Madrid: Instituto de Orientación Psicológica EOS.

____. (s/f). *Grafología y fobia social: Más allá de la timidez.* España: Edición de autor.

Ras, M. (1957). *Grafología.* Barcelona: Labor.

____. (1968). *Lo que sabemos de grafología.* Madrid: Gregorio del Toro.

Real Academia Española. (2001). Diccionario de la Lengua Española. *Real Academia Española.* Recuperado el 27 de julio de 2019, de Real Academia Española. Sitio web: http://lema.rae.es/drae2001/

____. (2005). *Diccionario del estudiante.* España: Santillana Ediciones Generales S.A.

——. (2014). Diccionario de la Lengua Española. *Real Academia Española.* Recuperado el 23 de julio de 2019, de Real Academia Española. Sitio web: https://dle.rae.es/?w=diccionario

_____. (2019). *Diccionario del español jurídico*. *Real Academia Española, Consejo General del Poder Judicial*. Recuperado el 25 de julio de 2019, de Real Academia Española. Sitio web: https://dej.rae.es/

RECAL. (2018). ¿Qué es la adicción? Dos enfermedades en una. *Fundación RECAL*. Recuperado el 26 de julio de 2019, de Fundación RECAL: Clínica de Tratamiento de Adicciones. Sitio web: https://www.fundacionrecal.org/que-es-la-adiccion/

Regader, B. (2019). La teoría de las Inteligencias Múltiples de Gardner. *Psicología y mente*. Recuperado el 26 de julio de 2019, de Psicología y mente. Sitio web: https://psicologiaymente.com/inteligencia/teoria-inteligencias-multiples-gardner

Rentería, G. (2014). Comentario a tiempo: Voluble y más. *Libertas*. Recuperado el 28 de julio de 2019, de Libertas: Periodismo por un México Nuevo. Sitio web: http://www.libertas.mx/2016/11/comentario-tiempo-voluble-y-mas.html

Rojas, E. (2015). Homosexualidad. *Creaciones ECA*. Recuperado el 26 de julio de 2019, de Centro de Aprendizaje ECA Creaciones. Sitio web: http://eca-centro-deaprendizaje.blogspot.com/2015/01/homosexualidad.html

Rosmar, E. S/F. *Las inteligencias múltiples y la vocación en grafología*. Brasil: MFC Publicaciones Didácticas Ltda.

S/A. (1978). *La grafología*. Barcelona: Éditions Garnier Frères.

* S/A. S/F. La escritura refleja tu personalidad. *Alcazaba*. Recuperado el 16 de agosto de 2019, de Alcazaba. Unex. Sitio web: http://alcazaba.unex.es/~mtertor/Index2.html

Sampedro, M. (2015). ¿Qué es talento? *Talento*. Recuperado el 28 de julio de 2019, de Talento. Sitio web: https://eltalentoorg.wordpress.com/quienes-somos/

Sánchez, M.C. (2018, enero). Celos: Sentimiento de infelicidad. *Conciencia*, n. 15.

Sánchez-Bernuy, I. (2008). *Grafoselección por competencias*. Madrid: Instituto de Orientación Psicológica EOS.

Sarabia, A. (2013, 31 de julio). La rueda de la fortuna. *El Diario de Zihuatanejo*. Recuperado el 25 de julio de 2019, de El Diario de Zihatanejo. Sitio web: http://www.diariodezihuatanejo.mx/2013/07/la-rueda-de-la-fortuna_31.html?m=1

Saregune (2008). Rojo: Significado del rojo. *Hezigune*. Recuperado el 08 de agosto de 2019, de Hezigune: Espacio Formativo de Saregune. Sitio web: http://www.saregune.net/ikasi/hezigune/curso.php?curso=disenno&leccion=disenno_color_rojo

Saudek, R. (1928). *Experimentální grafologie*. Praga: Aventinum.

Segura, S. (2014). *Lexicón incompleto, etimológico y semántico del latín: Y de las voces actuales que proceden de raíces latinas o griegas*. España: Universidad de Deusto.

Sgroi, S. y Palasezze, L.A. (2019). Contribución al conocimiento de la personalidad: El temperamento y el carácter. *AMFFA*. Recuperado el 28 de julio de 2019, de AMFFA: Salud. Sitio web: http://www.amffa.com.ar/conocimiento/

Silva, H. (1995). *Medicina legal y psiquiatría forense: Psiquiatría forense t. II*. Chile:

Editorial Jurídica de Chile.

Simón, J. J. (1992). *El gran libro de la grafología*. Barcelona: Ediciones Martínez Roca.

___. (2015). *La biblia de la grafología: El estudio más completo de los rasgos de la escritura y de la firma*. Madrid: Edaf.

Solange Pellat, E. (2015). *Las leyes de la escritura*. Madrid: Editorial Graphicae S.C.

Solís, C. (2015). Cualidades de un líder. *Haiku Deck*. Recuperado el 26 de julio de 2019, de Haiku Deck. Sitio web: https://www.haikudeck.com/cualidades-de-un-lder-education-presentation-DHvpn6np4q

Taber, C.W y Thomas, C.L. (1997). *Taber's: Diccionario médico enciclopédico*. Ciudad de México: Editorial El Manual Moderno.

Tesouro de Grosso, S. (2006). *Grafología científica: Interpretación del alfabeto y la escritura*. Buenos Aires: Editorial Kier.

Treviño, L. R. (2019). *Inteligencia emocional: Para que puedas dirigir tu vida*. Edición de autor.

Türpe, F. (2018, 17 de noviembre). Subversivos al poder. *La Gaceta*. Recuperado el 26 de julio de 2019, de La Gaceta. Sitio web: https://www.lagaceta.com.ar/nota/789887/opinion/subversivos-poder.html

Universidad Autónoma de México. (2015, 21 de diciembre). Tratan el deterioro congnitivo en pacientes con trastorno obsesivo compulsivo. *Boletín UNAM-DGCS-731*. Recuperado el 25 de julio de 2019, de Dirección General de Comunicación Social, UNAM. Sitio web: http://www.dgcs.unam.mx/boletin/bdboletin/2015_731.html

Ucha, F. (2008). Tu diccionario hecho fácil. *Definición ABC*. Recuperado el 23 de julio de 2019, de Definición ABC. Sitio web: https://www.definicionabc.com/general/abuso.php

___. (2010). Tu diccionario hecho fácil. *Definición ABC*. Recuperado el 23 de julio de 2019, de Definición ABC. Sitio web: https://www.definicionabc.com/general/racional.php

___. (2012). Tu diccionario hecho fácil. *Definición ABC*. Recuperado el 23 de julio de 2019, de Definición ABC. Sitio web: https://www.definicionabc.com/social/alegre.php

Valverde, H. (2003). *Aprendo haciendo: Material didáctico para la educación Preescolar*. Costa Rica: Editorial de la Universidad de Costa Rica.

Velozo, T. (2012). Expresión corporal. *SlideShare*. Recuperado el 26 de julio de 2019, de SlideShare. Sitio web: https://es.slideshare.net/tovbio/expresion-corporal-14933218

Vels, A. (1983). *Diccionario de grafología y términos psicológicos afines*. Barcelona: Herder.

___. (1975). *Escritura y personalidad: Conocimiento del carácter a través de la grafología*. Barcelona: Editorial Luis Miracle.

___. (2007). *Grafología de la A a la Z*. Barcelona: Herder.

___. (1997). *Grafología estructural y dinámica: La interpretación psicológica de los signos gráficos por zonas*. Barcelona: Herder.

___. (2016). *Manual de grafoanálisis*. Barcelona: Herder.

Villamarín, B. (1988). *Apuntes de grafología*. Buenos Aires: C.G.G.A.

Xandró, M. (2003). *Grafología de la firma-rúbrica*. Madrid: Instituto de Orientación Psicológica EOS.

___. (1994). *Grafología elemental*. Barcelona: Herder.

___. (2007). *Grafología superior*. Barcelona: Herder.

Yataco, G. (2016). La vida con trastorno bipolar. *Slideshare*. Recuperado el 25 de julio de 2019, de Slideshare. Sitio web: https://es.slideshare.net/Marge_97/terminado-3

Zapata, E. J. (2006). *La grafología como sistema de identificación*. Ciudad de México: Edición de autor.

Acerca de los autores

Karen Verónica Morales Navarrete

Es licenciada en Derecho por la Universidad Insurgentes, perito en Grafología forense por el Instituto Nacional de Desarrollo Jurídico (INADEJ), perito en Documentos cuestionados por el Instituto Nacional de Desarrollo Jurídico (INADEJ) e intérprete traductor de inglés y francés. Es especialista en fisiognomía de rostro, lenguaje no verbal, grafoterapia, grafología infantil, en dictamen pericial, grafología forense, grafoscopia y documentoscopia, así como en la aplicación de la grafología en la selección de personal, en la compatibilidad de pareja y en orientación vocacional. Imparte conferencias, seminarios y es catedrática en el Instituto Givi Service, S.A. de C.V., el Instituto Doctoral Universitario (INDOC), el Centro académico especializado en Ciencias Jurídicas y Criminológicas, S.C. (CAECJC), el Instituto Nacional de Desarrollo Jurídico (INADEJ), en empresas particulares y también en la Sociedad Mexicana de Grafología Científica, S.C. (SOMEGRAF). Además, es miembro activo de la Asociación Interamericana de Operadores Del Sistema de Justicia, A.C. y de Conciencia Jurídica México.

José de Jesús Celaya Chimalpopoca

Es licenciado en Derecho por la Facultad de Derecho de la Universidad Nacional Autónoma de México (UNAM), maestro en Ciencias penales por el Instituto Nacional de Desarrollo Jurídico y doctor en Derecho por el Instituto Nacional de Desarrollo Jurídico. También es perito en Grafología por el Colegio

Mexicano de Grafología y perito en Documentos cuestionados por el Instituto Nacional de Desarrollo Jurídico. Además, es intérprete en fisiognomía de rostro por el Instituto Nacional de Ciencias penales de la PGR. Imparte cátedra en el Instituto Némesis S.C., el Instituto Nacional de Desarrollo Jurídico (INADEJ) en fotografía forense, en la Barra de Juristas de México Colegio Profesional A.C., de la cual es miembro, y en el Colegio Internacional de Ciencia y Humanidades. Es miembro activo del Colegio Federal de Peritos A.C. y de la Barra de Profesionistas en Derecho y Peritos en Ciencias Forenses A. C. Funge como director de ADNforense.org (portal) y radioius.com (radio por internet).

Esta obra se terminó de imprimir
en octubre de 2019, en los Talleres de

IREMA, S.A. de C.V.
Oculistas No. 43, Col. Sifón
09400, Iztapalapa, D.F.